스포츠 브랜드
똑똑하게 노크하기

스포츠 브랜드
똑똑하게 노크하기

초판인쇄 2020년 7월 21일
초판발행 2020년 7월 21일

지은이 서준호
펴낸이 채종준
기획·편집 김채은
디자인 홍은표
마케팅 문선영·전예리

펴낸곳 한국학술정보(주)
주 소 경기도 파주시 회동길 230(문발동)
전 화 031-908-3181(대표)
팩 스 031-908-3189
홈페이지 http://ebook.kstudy.com
E-mail 출판사업부 publish@kstudy.com
등 록 제일산-115호(2000. 6. 19)

ISBN 978-89-268-7873-6 13690

스포츠 브랜드
똑똑하게 노크하기

서준호(Steve Suh) 지음

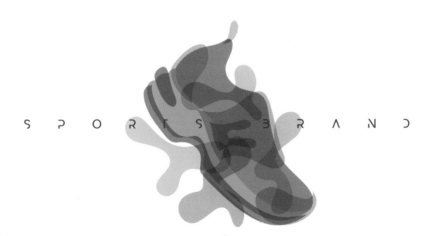

SPORTS BRAND

이담
Books

강형근

전 아디다스 코리아 부사장

저자를 떠올리면 스포츠 마케팅과 스포츠 브랜드 비즈니스에 대해서 공부하고 인사이트를 쌓으려고 부단히 노력했던 모습이 생각난다. 이 책에는 제품 개발과 마케팅, 세일즈 등 스포츠 브랜드에서 근무하고 싶은 분들이 쉽게 구하지 못할 정보는 물론이고, 지원 준비에 필요한 예비지식들이 알토란같이 고스란히 담겨있다.

스포츠는 우리 일상에서 떼놓을 수 없는 생활의 중요한 부분이며, 전 세계 공통언어이기도 하다. 그러므로 스포츠 브랜드 비즈니스 역시 영원히 지지 않는 산업이라고 볼 수 있다. 이러한 스포츠 브랜드 비즈니스 세계에 입문하고자 문을 두드리는 분들께는 더없이 유익한 길잡이가 되어줄 것이라고 믿는다.

엘렌 슈미트-데블린

오리건 대학교 룬드퀴스트 경영대학 학장
스포츠제품 경영 프로그램 공동 설립자

내가 스티브를 처음 만났던 것은 그의 대학원 입학을 위해 진행한 면접에서였다. 당시 그가 법학을 전공하고 실무를 담당했다는 사실은 상당히 흥미로웠다. 나는 그의 이러한 배경이 스포츠용품 업계에서 다른 사람들과 차별화될 수 있다는 점에서 가능성을 높게 평가했다. 과연 얼마나 많은 사람들이 법률 지식과 스포츠제품에 대해 깊이 이해하고 있을까? 이런 인재는 실제 업계에서도 흔치 않다. 그래서 나는 머천다이저로 활약 중인 스티브가 커리어를 전환하려는 사람들에게 좋은 롤모델이 될 것이라 생각한다.

어느 누구도 처음부터 완벽할 수 없고, 새로운 도전을 하지 않고 현실에 안주하기만 하면 발전할 수 없다. 이 책은 스티브가 자신의 경험을 바탕으로 스포츠용품 업계의 다양한 직무의 동료들과 협력하는 과정에서 배우고 느낀 내용을 정리하여 공유한다는 점에서 좋은 안내서가 될 것이다.

이승용

블리자드 e스포츠 APAC 총괄
『스포츠 마케팅 쪼개기 2020』 저자

사실 '스포츠'라는 이름으로 많은 비즈니스들이 묶여 있지만, 세세히 살펴보면 각각의 분야 별로 커리어 경로는 판이하게 다르다. 갖춰야 할 소양과 경험, 그리고 커리어 전략도 많이 다르다. 많은 이들이 스포츠 팬으로 시작하지만 사회 진출의 시기에 그 이상의 막연함을 해결하지 못해 진로 설정에 어려움을 겪는다. 이 책은 스포츠 브랜드 커리어 개발을 꿈꾸는 젊은 세대에게 업무적 지식과 성공 DNA를 동시에 제공해 주고 있다. 그의 솔직하고, 현실적이고, 영감을 주는 글들이 한 명이라도 더 많은 젊은이들에게 더 큰 꿈을 선사하는 계기가 되었으면 한다.

누군가 이렇게 말했다. '내가 꿈을 이루면 내가 남의 꿈이 된다'라고. 그가 걸어가는 지금 이 길이, 누군가에게는 정말 따라가고 싶은 '그 멋진 길'이지 않을까 싶다.

　　지난겨울, 친구들과 야간 스노슈잉(snow shoeing)을 하기 위해 눈이 가득 쌓여 있는 후드산(Mt. Hood)에 다녀왔다. 하늘 아래 불빛이라고는 내 이마 위의 전등과 하늘에 떠 있는 달빛이 전부인 눈밭을 한 걸음씩 걸을 때마다 들려오는 소리가 내 마음을 편안하게 해주었다. 하지만 단 한 가지 이유로 이 여행은 완벽할 수가 없었다. 바로 나의 잘못된 장비 선택이다. 늦은 밤 산길을 걷는 활동 특성에 맞춰 신발은 보온과 방수기능이 있는 것으로 제대로 신고 있었으나, 추위를 대비해 입고 간 옷은 땀의 배출과 통풍이 되지 않았다. 스노슈잉을 하는 동안 내내 옷을 입고 벗기를 계속하였고 결국 다음 날 심한 몸살감기에 걸려 몇 주간 고생했다. 이처럼 어떤 운동이나 활동을 하는 데 있어서 그 상황에 맞는 장비나 제품을 사용하는 것이 정말 중요하다.

　　축구팬이라면 누구나 한 번쯤 '베른의 기적'에 대해 들어봤을 것이다. 이는 과거 서독이 1954년 스위스 월드컵에서 당시 최고의 실력을 갖춘 헝가리 축구 대표팀에 경기 종료 직전 역전 골을 넣어 우승했던 일을 말한다. 경기 당일 내린 폭우로 그라운드 상태가 좋지 않았지만, 서독 선수들은 아디다스 창립자 아돌프 다슬러가 개발한 탈착 가능한 금속 스터드가 달린 축구화를 착용하고 있어 젖은 땅에서 상대 팀보다 유리하게 경기를 운영했다는 평가가 있었다.

한편, 스포츠 브랜드 업계는 한 나라에 국한되지 않고 글로벌한 산업 구조를 가지고 있다. 또한 전 세계를 대상으로 건강하고 에너지 넘치는 스포츠 브랜드 광고는 이를 접하는 젊은이들로 하여금 이 업계에 몸담고 싶다는 꿈을 갖게 한다. 실제 나이키나 아디다스 글로벌 본사에 가보면 100여 개 이상의 다양한 국적을 가진 사람들이 함께 근무하고 있다. 만약 우리 한국의 젊은이들도 스포츠 브랜드에서 일하고 싶다는 꿈을 가지고 있다면 국내에서만 취업을 준비할 것이 아니라 해외로 눈을 돌려보는 것도 좋은 선택이 될 것이다.

나는 가끔 스포츠 및 아웃도어 브랜드(이하 책에서는 '스포츠 브랜드'로 통칭함) 업계를 희망하는 사회 초년생들로부터 상담 요청을 받는다. 그들에게 어떤 브랜드와 직무가 있는지, 그리고 그곳에 취업하려면 어떻게 준비해야 하는지에 대한 정보가 아직은 부족하기 때문이다. 내가 이 책을 집필하기로 한 이유가 바로 여기에 있다. 내가 직접 배우고 경험한 내용을 바탕으로 스포츠 브랜드 업계에 발을 내딛는 이들에게 조금이나마 도움을 주고 싶다.

제1장은 법학을 전공한 저자가 아디다스 코리아에 입사하고 자신의 커리어를 계획해나가는 과정을 담았다. 제2장은 저자가 미국으로 이민 후 아시아 지역을 담당하는 컬럼비아 스포츠웨어 신발 부문 머천다이저가 되기까지의 과정을 진솔하게 담았다. 제3장은 스포츠 브랜드의 종

류와 이 업계의 특징을 정리하였다. 제4장은 스포츠 브랜드 업계의 다양한 직무와 필요 역량에 대해 브랜드들이 공통으로 제시하는 기준을 정리하였다. 특히 현재 해당 업무를 담당하고 있는 사람들과의 인터뷰를 통해 직무를 이해할 수 있을 것이다. 제5장은 제품 기획 단계부터 매장에 출시되기까지의 과정을 예를 들어 설명하였다. 전반적인 제품 제작 과정을 한눈에 볼 수 있을 것이다. 제6장에서는 직무를 선택하기 위해 참고하는 방법과 영문 이력서 작성 등에 대한 팁을 기재하였다. 부록에서는 스포츠용품 업계에서 사용하는 반드시 알아야 할 50개의 키워드와 신발 구조에 대한 개념을 정리하여 실무적으로도 도움이 되도록 하였다. 참고로 여기에서 제품, 용품, 상품의 개념은 동일한 의미로 사용된다.

마지막으로 중요한 선택의 순간마다 나를 믿고 동기부여를 해준 아내와 가족들에게 감사한 마음을 전하고 싶다. 특히 이 책이 나오는 데 도움을 준 Charles Taylor-Love(컬럼비아 스포츠웨어), 이장규(나이키)와 아낌없는 격려와 감수를 해주신 김성욱 부장님(컬럼비아 스포츠웨어)께 감사의 말을 전한다.

With special thanks to Peter Ruppe, Doug Reed, Zion Armstrong, and Jae-Youl Suh, my amazing Dad.

2020년 4월

서준호

Steve Suh

신발 마니아, 스포츠 업계로 진로를 정하다

아직 늦지 않은 나이 35살, 다시 학생이 되다

전 세계 스포츠 브랜드 업계의 모든 것

현직자가 말하는 진짜 스포츠 브랜드 직무

스포츠용품 업계의
일반적인 제품 개발 과정

이대로 준비하면 누구나
스포츠 브랜드인이 될 수 있다

신발 마니아,
스포츠 업계로
진로를 정하다

SPORTS BRAND   CAREER ROADMAP

"당신을 행복하게 하는 일을 하라"

- 카멜 맥코넬

1

나의 첫 커리어,
아디다스 코리아

       내가 신발에 관심을 갖게 되었던 것은 1993년 중반 아버지께서 미국 포틀랜드에 주재원으로 파견되면서 시작되었다. 지금의 포틀랜드는 예전보다 인구도 많이 늘어나고 복잡해지긴 했으나, 뉴욕이나 로스앤젤레스와 같은 도시들과 비교하면 여전히 시골이다. 그래서 당시 학교를 마치면 할 수 있는 것이 그다지 많지 않았다. 대부분의 아이들은 집 앞에서 공놀이를 하거나 집에서 닌텐도 게임을 하는 것뿐이었다. 나 역시 그러했다. 그러나 매주 금요일만은 예외였다. 내가 다니던 중학교에서는 저녁 6시부터 2시간 반 동안 학생들이 농구를 할 수 있도록 체육관을 개방해주었다. 그 날이면 농구 초보자부터 동네에서 농구 좀 한다는 고등학생까지 찾아와 각자 팀을 구성해서 시합을 하곤 했었다. 나는 친구들과 땀을 흘리는 것도 좋았지만, 무엇보다 농구를 좀 한다는 형들이 신고 온 농구화를 구경하는 것이 더 큰 관심사였다. 미국 프로농구(NBA)를 즐겨보는 사람들이라면 1990년대 최고의 스타였던 마이클 조던, 샤킬 오닐, 찰스 바클리, 스카티 피펜, 엘런 아이버슨 등의 선수들을 기억할 것이다. 그런 선수들의 시그니처 신발을 눈앞에서 보고 만져보는 것은 현재 내가 슈퍼카를 바라보는 마음과 같았다.

내가 중학생 때 몇 달간 부모님을 조르고 졸라서 구매했던 신발이 하나 있다. 1995년에 처음 출시됐던 나이키 에어 맥스 페니 원(Nike Air Max Penny I) 신발이다. 당시 올랜도 매직이라는 팀에서 뛰었던 앤퍼니 하더웨이를 모델로 하여 나왔다. 하얀색과 검은색이 섞인 어퍼(upper) 디자인이 주는 날렵한 이미지와 그의 소속팀을 상징하는 파란색의 나이키 로고가 세련됨을 더했고, 나에게 큰 매력으로 다가왔다. 이때부터 나는 신발을 하나씩 수집하기 시작했다. 한국에 돌아와 여러 차례 이사하면서 한 번도 신지 못한 신발들이 어디론가 사라져버렸지만, 애초부터 신으려던 목적보다는 기분이 우울할 때 꺼내 보려는 목적으로 구매했다. 성인이 된 현재는 소장하고 싶은 신발이 있으면 늘 두 켤레씩 산다. 하나는 신기 위해, 다른 하나는 나만의 컬렉션을 위함이다.

나는 대학교에 입학할 당시 전공 선택에 대한 고민이 많았다. 앞으로 무슨 일을 하고 싶은지 확신이 서지 않았기 때문이다. 다만 한 가지 생각은 확고하였다. 내가 향후 어떤 커리어를 향해 갈지 모르니 일단 무슨 일을 하더라도 제약을 덜 받는 전공을 선택하자는 것이었다. 결국, 어느 사회나 집단이라도 법의 테두리 안에 있다는 생각으로 법학과 진학을 결정했다.

하지만 대학을 졸업한 후에도 어느 업계에서 일해야 할지 계속 고민했다. 사실 취업도 그리 쉽지 않았고, 진로에 대한 확신도 없어 불안한 마음에 대학원에 입학했다. 이후 대학원 직업센터 홈페이지에서 우연히 아디다스 코리아 법무팀 사원을 채용한다는 공고를 보게 됐고, 입사 지원을 하여 최종 합격하였다. 어릴 적부터 내가 좋아하던 스포츠와 신발을 판매하는 곳에서 일할 수 있다는 것이 좋았다. 내가 운이 좋다는 이유가 바로 여기에 있다.

스포츠용품 업계에 발을 딛게 된 것은 2011년 9월 19일로 거슬러 올라간다. 강남역에 있는 삼성생명 서초타워 9층 안내 데스크에서 인사팀 관계자를 만나 사장실로 향했다. 그곳에서 뉴질랜드 사람이라며 자신을 소개한 지온 암스트롱 사장과의 인연이 시작되었다. 짧은 덕담과 악수를 마친 후, 고용계약서에 각자 서명을 했고 나의 첫 업무가 공식적으로 시작되었다.

나의 첫 커리어는 아디다스 코리아 법무 담당자의 역할이다. 지금은 내가 학부와 대학원에서 전공한 법학이라는 학문과 전혀 무관한 일을 하고 있지만, 그때만 해도 그 길이 내가 가야 할 길이라고 생각했다.

사회생활이란 혼자 할 수 없는 것이다. 선후배 등의 동료들과 함께 해야 한다. 야구에서 한 명의 투수가 9회까지 퍼펙트 피칭을 했더라도 타자인 동료들이 한 점도 내지 못하면 승리 투수가 될 수 없는 것처럼 말이다. 나의 첫 커리어는 아디다스 코리아에서 근무한 4년이었다. 사회 초년생으로서 많은 영향을 받았고, 향후의 커리어를 이어 나가는 데 가장 중요한 경험과 자산이 되었다.

먼저 아디다스 코리아에서의 시작과 끝을 함께 해준 우리 법무팀 식구들이 있다. 간혹 업무 중 실수로 혼나기도 했지만, 언제나 동기 부여와 어떻게 일을 해야 하는지 많은 가르침과 배려를 해주었다. 법무 외적인 것으로 내가 무슨 일을 시작할 때 효율성과 정확성 측면에서 사전에 질문하는 습관을 길러준 일화를 소개하고자 한다. 이 책을 읽는 사회 초년생이나 취업 준비생에게도 도움이 될 만한 내용이라고 생각한다.

선배의 경험지식을 활용하라

내가 아디다스 코리아에서 처음 맡게 된 업무는 단순하지만 많은 시간이 걸리는 번역 업무였다. 아디다스 독일 본사에서 내려온 정책 및 지침을 영문에서 국문으로 번역하는 작업이다. 10페이지 정도 되는 내용을 번역하는 것이었는데, 페이지 수는 그리 많지 않았지만 상황에 맞는 단어와 배경지식이 없으면 흐름을 이해하지 못해 제대로 된 번역을 할 수가 없다. 나는 번역 업무를 통해 커다란 것을 배웠다. 상사가 처음으로 나에게 준 업무라서 정말 잘하고 싶은 마음에 퇴근해서도 작업하고, 외국에 있는 친구에게도 옳게 번역했는지 감수를 요청할 정도로 많은 노력과 시간을 투자하였다. 상사에게 기간 내에 번역한 자료를 전달하니 돌아온 답변은 "전에 번역업체에 맡긴 것이 있었는데, 그거 참고해서 하면 몇 시간 만에 할 수 있었을 텐데, 오래 걸렸네?"였다. '이런 XX!' 그럼 미리 알려주시지 왜 이야기 안 해주셨는지, '나를 엿 먹인건가?' 라고 생각하고 있었다. 그러던 중 과장님이 나를 불러 이야기하였다. "준호씨, 차장님은 준호씨가 먼저 다가와서 혹시 참고할만한 자료나 이미 진행됐던 건이 있었는지 문의하고 진행하길 바랐어요. 뭔가를 시작하기 전에 항상 물어보도록 하세요. 그렇게 하면 시간을 단축하고 그 시간 동안 생산성 있는 다른 무언가를 할 수 있지 않을까요?" 그 이후로 나는 어떤 업무를 맡게 되면 바로 시작하지 않고, 관련 부서나 관계자에게 문의하여 사전에 진행되었던 사례가 있는지, 참고할 만한 자료 등이 있는지 질문하는 습관이 생겼다.

업무로 연결된 인연을 내 사람으로 만들어라

다음은 나를 단순히 후원 계약 업무를 담당하는 한 명의 직원이 아니라 서로를 챙겨주는 형과 동생의 관계로 발전한 전 롯데 자이언츠, 현 두산 베어스 조성환 코치와의 인연이다. 이후 설명하겠지만, 나는 업무를 진행하면서 손흥민, 구자철, 이승엽 등 유명한 여러 스포츠 선수들을 만나 보았다. 그중에서도 성환이 형은 본인을 위해 일하는 내게 만날 때마다 고맙다고 이야기해주었다. 무엇보다 내가 팬으로서 정말 좋아하는 선수였기 때문에 나 역시 형과 가까워지고 싶었고, 서로 연락처를 공유하며 종종 안부를 주고받았다. 어느 날 언론을 통해 성환이 형이 선수 생활을 정리한다는 기사를 접하게 되었다. 그 즉시 그동안 선수로서 멋진 플레이를 보여준 것에 대한 감사 연락을 했고, 선수로서의 마지막 은퇴 경기에 함께 하고 싶다는 의사를 전달하였다. 결국 나는 형의 선수

생활의 마침표와 새로운 시작의 순간을 함께 하게 되었다. 은퇴식을 마치고 며칠이 흘러 앞으로의 계획에 대해 물었다. 대답이 명확했다. "야구장 밖에서 야구에 대해 공부해볼까 한다." 이후 형은 해설위원으로서의 삶을 시작했고, 그동안의 경험을 바탕으로 경기를 바라보고 후배들의 성장에 도움을 주는 코치로도 일하며 필드에서 리더십을 발휘하고 계신다. 형의 이러한 도전은 향후 내가 미국으로 건너가 새로운 커리어를 준비하는데 큰 용기를 주었다.

공과 사를 구분하고 남을 도와줄 기회를 충분히 활용하라

덧붙여 앞서 잠깐 언급한 암스트롱 사장님에 대해서 다시 이야기해보고자 한다. 우리의 인연은 한국에서 대표이사와 직원의 관계에서 시작되었다. 현재 사장님의 미국 사무실에는 "HE TANGATA. HE TANGATA. HE TANGATA."라는 문구가 걸려있다. 뉴질랜드 전통 언어로 "THE PEOPLE. THE PEOPLE. THE PEOPLE"이라는 뜻이다. 사장님과 나는 현재 같은 포틀랜드 도시에 살면서 1년에 최소 1번은 만나고 있다. 사장님께는 내가 한국에서 만난 유일한 인연이고, 나에게는 둘도 없는 소중한 친구이자 멘토이기 때문이다. 사장님은 내게 늘 "어느 무엇보다도 사람이라는 가치가 우선한다."라고 이야기하신다. 한국에서 대표이사 재직 시절, 모든 직원의 이름과 특이사항을 기억하고 어려움이 있는 직원에게 먼저 다가가 도움을 주셨다.

아닌 건 아니라는 공과 사에 대한 철저한 구분과 남을 도울 수 있다

아디다스 북미 지온 암스트롱 총괄사장님과의 인연은 한국뿐만 아니라 미국에서도 이어졌다.

먼 최대한 도와주라는 사장님의 생각은 내 사회생활 초창기에 큰 영향을 주었다. 사장님이 한국에서 미국으로 이동하기 며칠 전, 사장님과 독대할 기회가 잠시 있었다. "사장님, 정확히 언제가 될지 모르겠지만, 저는 10년 안에 미국으로 갈 계획을 하고 있습니다. 혹시 가게 되어 제가 사장님의 도움이 필요하다면 요청해도 되겠습니까?"라고 여쭤보았고, 잠시의 머뭇거림 없이 "당연하지, 난 네가 좋거든!"이라는 답을 받았다. 결국, 나는 오리건 대학교 스포츠제품 경영 석사 과정(University of Oregon - Sports Product Management)에 입학할 당시 사장님의 추천서를 받고 학교에 지원 및 입학하게 되었다. 늘 다른 사람들에게 도움을 주려고 노력하는 지온 사장님 같이 사려 깊은 리더를 커리어 상 첫 번째 보스로 맞이하게 된 것은 나에게 큰 행운이었다. 그래서 사장님이 미국으로 가신 이듬해 태어난 아들의 이름을 사장님과 같이 따뜻한 리더가 되었으면 하는 바람으로 '지온'이라고 지었다.

2

살아남기 위해
스포츠 마케팅 법무 담당자가 되다

나는 학부와 대학원에서 법학을 전공하였지만, 사법시험 또는 로스쿨을 통해 변호사 자격을 취득한 사람이 아니다. 내가 아디다스 코리아에 입사할 때만 해도 변호사란 사법고시에 합격하고 사법연수원을 졸업한 사람들이 대부분이었다. 그러나 로스쿨 제도가 도입되고 난 후에는 변호사 자격을 취득한 사람들이 많아졌고, 사내 변호사로서 회사 법무팀에서 일하는 이들도 많아졌다. 다시 말해 나 스스로 법무 커리어에 있어서 성장하는 데 한계가 있다고 생각했다. 이 때문에 입사 초기였음에도 나만의 생존 방식을 찾아야만 했다.

일반적으로 사내 법무팀에서는 계약서 검토, 법률 자문, 소송, 준법 관리, 상표 및 위조품 관리, 개인정보보호, 사내 법률 교육 등의 업무를 담당한다. 이 중에서 나는 계약서 검토, 법률 자문을 주 업무로 하였다. 영업, 재무, 매장 개발(부동산), 마케팅, 고객관리 등 다양한 부서의 법무 관련 업무를 진행했지만, 가장 흥미롭고 재미있는 부서 업무는 마케팅 부서와 일할 때였으며 그중에서도 스포츠 마케팅팀과 일하는 것이었다. 그러다 보니 나는 당시 아디다스와 같은 스포츠 브랜드의 꽃은 스포츠 마케팅이라고 생각했다. 특정 선수, 구단, 연맹 등을 후원하면서 그들을 통해 브랜드의 인지도를 높이고 소비자들에게 제품을 알리고 구매까지 이어질 수 있기 때문이다. 나는 법무 내에서도 스포츠 마케팅과 관련된 업무를 담당하는 것이 향후 내 커리어가 나아가야 할 방향으로 설정하였다. 이는 법무 직무에서 계속 커리어를 키워나가기보다 법무 지식이 해박한 스포츠 마케터가 될 것이라는 계산이었다. 운이 좋게도 나의 커리어에서 기회를 만들 수 있도록 적극적으로 도와준 부서장과 팀원들이 있었다. 아디다스 코리아에서 근무한 지 6개월이 지났을

아디다스 코리아 법무팀 근무 시절, 계약서 관련 사내 법률 교육을 진행하기도 하였다. 또한, 스포츠 마케팅팀과 동행하여 프로선수 및 에이전트에게 주요 계약 조건을 직접 설명하는 등 인맥을 쌓아가며 커리어를 키워나갔다.

무렵, 팀 내부적으로 어떤 방향으로 커리어를 키워나가고 싶은지에 대한 논의가 있었다.

나는 그 자리에서 희망 사항을 적극적으로 말했고, 다행히 이 분야에서 커리어를 키우고 싶다는 사람은 내가 유일했다. 이후 나의 의지를 본 부서장과 선배들이 나에게 스포츠 마케팅과 관련된 법무 업무를 책임지도록 해주었다. 그리고 최종적으로 직원들의 업무 만족도와 커리어 개발에 적극 힘을 실어준 사장님과 마케팅 임원의 최종 승인에 따라 나는 아디다스 코리아 스포츠 마케팅 법무 담당자가 되었다.

내가 그토록 바랐던 스포츠 마케팅 법무 담당자라고 해서 스포츠 마케팅팀에 대한 업무만 하는 것은 아니었다. 타 부서에 대한 법무 업무도 하면서 스포츠 마케팅팀과 관련된 업무는 내가 전적으로 책임지는 것이었다. 스포츠 마케팅팀의 주요 업무는 스포츠 선수, 연맹 및 구단 등과 용품 후원 계약을 체결하고, 그들을 통해 브랜드와 제품을 성공적으로 홍보 및 판매하기 위해 그들과 두터운 신뢰 관계를 유지 및 관리하는 것이다. 스포츠 마케팅팀에서 일했던 선배가 말하길 스포츠 마케팅은 '총 없는 전쟁터'라는 표현을 사용하기도 했다. 타 브랜드의 선수를 더 좋은 조건으로 데려오기도 하고, 우리의 선수를 빼앗기기도 하고, 얼마나 많은 선수들이 우리 브랜드 제품을 경쟁사보다 더 많이 착용하는지에 대해 서로 신경전이 많다고 했다. 매년 회사에서 정해진 예산 안에서 브랜드에 유리한 조건으로 계약을 체결하는 것이 가장 중요한 업무 성과 중 하나라고 하였다. 어느 날, 스포츠 마케팅팀의 선배와 저녁 식사를 하면서 내 고민에 대해 솔직하게 털어놓았다.

"선배님도 아시겠지만, 저는 변호사 자격이 없습니다. 법무팀에서 변호사 자격이 없다는 것은 제가 법무팀장의 위치로 가기도 어려울 뿐만 아니라 제가 커리어를 이어 나가는 데 한계로 작용할 것입니다. 스포츠 마케팅 업무를 하는데 있어 계약 등의 법률 지식도 중요하다고 들었습니다. 저의 이러한 법무 배경이 다른 스포츠 마케터와 차별화될 능력이라고 생각합니다. 제가 선배님과 팀의 업무적 권한을 넘지 않는 선에서 일할 것이니, 선수나 구단 관계자들과 계약 조건을 협상하시거나 최종적으로 계약을 체결할 때, 저도 데려가 주십시오. 이 업계 사람들과 관계도 맺고 미래를 준비하고 싶습니다."

그 후 나는 그토록 만나고 싶었던 차범근 감독님, 손흥민, 구자철, 이봉주, 이대호, 서건창 선수 등을 만나 계약뿐만 아니라 제품에 대한 이야기를 나누고, 구단 관계자 및 선수 에이전트 등과도 인연을 이어 나가며 내 커리어를 설계해 나갔다. 그중 2012년 런던 하계 올림픽과 2014년 브라질 월드컵 관련 TFT(Task Force Team)에서 법무 업무를 맡아 앰부시 마케팅(ambush marketing) 관련 IOC 규정을 해석하고 이를 위반한 관련 회사에 대해 경고장을 작성하는 등 큰 대회를 통해 많은 것을 배울 수 있었다.

3
새로운 도전을 위해
사직서를 내다

법무 경력 3년이 지나면서부터 헤드헌팅 회사에서 연락이 오기 시작했다. 물론 그들이 제안하는 직무는 기업 법무와 관련된 것이었다. 나는 향후 커리어를 법무가 아닌 스포츠 마케팅으로 전환하기로 마음먹었기 때문에 아무리 좋은 조건을 제시하더라도 가지 않았다. 이후 나는 아디다스 코리아 내부적으로 보직 이동을 하는 것이 적절하다고 판단했다. 동일한 회사에서 직무를 변경하는 경우에는 기존 경력도 인정받을 수 있기 때문이다. 만약 내가 다른 회사의 새로운 직무로 이동하게 된다면 해당 직무에 대한 경력이 없기 때문에 이전의 경력은 모두 인정받지 못한다. 하지만 아디다스 코리아에서 다른 직무 부서로 이동할 경우, 사내 경력이 그대로 인정되므로 다시 신입으로 커리어를 시작해야 하는 불이익은 없다. 따라서 나는 내부 직무 이동 기회를 노려보았고, 업무 교류 차원의 내부 경력 개발 프로그램에도 지원했었다. 하지만 스포츠 마케팅 직무는 많은 직원들로부터 인기가 있어 이동이 쉽지 않았다. 한편 법무팀장님의 배려로 사내 경력 프로그램에도 지원해 보았지만, 내가 스포츠 마케팅팀에서 근무하는 동안 나를 대신할 내부 직원이 보충되지 않아 그 기회도 물거품이 되었다. 결국 나는 아디다스 코리아를 그만두고 지인의 소개로 스타트업 스포츠 마케팅 대행사로 이직하게 되었다.

내가 아디다스 코리아를 그만두기로 하고 새로운 기회를 찾으려 했던 것은 회사나 사람이 싫어서가 절대 아니었다. 사내에서 스포츠 마케팅팀으로 직무 이동을 위해 여러 차례 기회를 물색했으나 뜻을 이루지 못했고, 법무 경력이 길어질수록 직무 이동이 더 어려워질 것으로 생각되었기 때문에 다른 방법을 찾아 도전해야 했다.

4

눈앞에 닥친
현실을 마주하다

      결국, 그동안 정들었던 회사와 작별을 하고 스타트업 스포츠 마케팅 대행사의 매니저로 자리를 옮겼다. 꿈을 꾸기만 하는 것보다 펼치기 위한 도전이었다. 주로 스포츠 브랜드 업체의 행사를 대행하는 일이었는데, 행사를 어떻게 운영할 것인지에 대한 기획과 아이디어가 필요했다. 그러나 이 분야에 대한 경험이 없는 나로서는 어떻게 시작해야 하는지도 몰랐기에 역할을 감당하는 데 어려움이 많았다. 결국 동료 직원에게 의존하는 횟수가 많아졌고 보람과 성취감도 느끼지 못하며 이게 과연 내가 그토록 원했던 일이 맞는지 고민하게 되었다. 또한 새로 옮긴 회사는 나의 기대와는 전혀 다른 업무환경과 구조로 운영되고 있었다. 아디다스 코리아처럼 규모가 큰 회사는 부서별 담당자의 업무 범위가 세분화되어 있어 본인이 담당하는 업무만 처리하면 되지만, 상대적으로 직원 수가 적은 소규모 회사는 맡은 업무와 상관없이 모든 일을 처리해야 한다. 이러한 업무환경으로 나 역시 그동안 절실히 원했던 스포츠 마케팅 스페셜리스트(specialist)가 아닌 제너럴리스트(generalist)가 되어야만 했다. 이 때문에 오래되지 않아 나의 결정을 후회하게 되었지만, 누가 시킨 것도 아니고 내가 직접 내린 결정이었기에 하소연도 할 수가 없었다.

고민을 계속하던 중 어떠한 대책이나 계획도 없이 회사를 그만두게 되는 계기가 있었다. 어느 날 야근 후 막차를 타고 집으로 향하고 있을 때 불현듯 아내와 아이의 얼굴이 떠올랐다. 돌이 갓 지난 아들의 잠든 모습을 보면서 출근하고, 퇴근해서도 잠들어 있는 모습만 보게 되면서 가족과 전혀 함께 시간을 보내지 못한다는 사실에 속도 상하고 아내와 아이에게 너무나 미안했다. 대행사 업무 특성상 늦은 밤에도 문자나 전화가 끊이지 않았고, 주말에도 일을 나가야 하는 스케줄이 나를 쉽게 지치게 했다. 혹자는 내가 끈기가 없다고 이야기할 수도 있겠지만, 다른 누군가는 나의 상황을 이해하고 자신의 처지와 같다는 생각으로 코끝이 찡할 수도 있을 것이다. 이 경험으로 나는 한 가지를 배웠다. 누구나 자신이 내린 결정과 선택에 있어 남을 탓할 수 없으며, 그 선택으로 인해 잃는 것과 포기해야만 하는 것이 있다는 것을 말이다. 그렇지만 그런 시행착오라는 경험으로 말미암아 앞으로 무슨 일을 하더라도 '그때보단 낫겠지'라는 긍정적인 마인드로 힘을 내는 원동력이 되기도 한다.

사람들에게 선택이란 단어가 어떤 의미로 다가올까? 나는 선택이란 단어를 그리 좋아하지 않는다. 선택은 여러 가지의 가능성과 방향이 있음에도 일반적으로 한가지로 압축되어야 한다. 즉, 어느 하나를 결정하는 것으로 인해 다른 것에 대한 만족과 기회를 상실하게 될 수도 있고, 상황이 좋지 않은 쪽으로 흘러가면 다시는 되돌리지 못할 수도 있다.

만일 나의 상황처럼 정말 하고 싶은 일에 도전하는 선택의 갈림길에 서 있다면, 무작정 '하고 싶다'에 중점을 두지 말라고 조언하고 싶다. 궁극적으로 이루고 싶은 커리어가 있다면 이를 뒷받침할 수 있는 능력을 차근차근 키워가는 것이 우선 필요하다. 다시 말해, 자신의 선택이 잘못된 결정이었다고 판단되는 순간, 무엇인가를 잃게 되는 위험이 발생하기 때문에 리스크를 최소화하는 노력이 필요한 것이다. 단순히 '하고 싶은 일'이 아닌 '잘할 수 있으면서 하고 싶은 일'을 찾는 것이 커리어를 추구하는 사람들이 끝없이 도전해야 하는 목표가 아닐까 싶다.

5

수많은 시행착오를 겪으며
내린 최후의 결정

아무런 대책도 없이 회사에 사직서를 제출하고 주말을 보내고 있는데 전화 한 통이 왔다. 회사의 상사였고 이번 주부터 나오지 않아도 된다는 연락이었다. 그날 저녁 아이를 재우고 아내와 단둘이 허심탄회하게 앞으로 어떤 계획이 있는지 이야기를 나눴다. 아내는 미국에서 태어나고 자란 교포이다. 대학 졸업 후 한국에 영어 강사로 잠시 오게 되었고 친구의 소개로 만나 결혼하게 되었다. 나 역시 어릴 적 주재원이었던 아버지의 덕분으로 약 4년간 미국에서 학창 시절을 보냈다. 그래서 해외로 나가는 것에 대한 두려움이 덜 하였다. 그 이유로 혹시라도 내가 미국으로 갈 수도 있겠다는 생각에 지온 사장님에게, 도움을 요청해도 되느냐고 물었던 것이다. 나는 가장으로서 아무런 대책도 없이 회사를 그만둔 미안함에 아내의 얼굴을 바라보지 못하고 있었는데, 아내가 내 손을 잡아주며 조심스레 말문을 열었다. "우리 미국 갈래? 미국은 상대적으로 편견도 덜 하고 새로운 것을 시작하더라도 전혀 이상하지 않아. 한번 해봐, 내가 밀어줄게."

한국에서 법학을 전공한 내가 미국에 가서 과연 무슨 일을 할 수 있을지 생각해봤다. '미국 로스쿨을 준비해야 하나?', '일단 가서 세일즈 관련 일을 시작할까?' 등 정말 여러 가지 시나리오를 생각했다. 그러던 중 아내가 "학교에 다시 가는 건 어때? 한국 법을 전공한 사람이 미국에서 법과 관련된 일을 하는 것은 어려울 수 있고, 일단 미국인 관점에서 보면 외국인이기 때문에 힘들 수가 있어. 인생 한번 산다는 데, 자기 진짜 하고 싶은 것 있으면 그것과 관련된 공부를 다시 해봐. 그게 좋을 것 같아."라고 조언하였다. 그날 밤 나는 책상에 앉아 내가 좋아하는 것과 관련된 단어를 종이에 적어 나갔고 결국 스포츠 브랜드 업계로 가는 것이 내가 가고자 하는 길이라는 것을 다시 한번 깨닫게 되었다.

나는 30대 중반으로서 새로운 커리어에 도전한다는 것이 또 다른 후회되는 결정이 되지 않을지 걱정이 되었다. 무엇보다 이번에 미국으로 가게 되면 다시 돌아오는 것이 쉽지 않다는 것을 알았기에 며칠간 많은 사람들을 만나 이야기를 나누었다.

선배들은 무슨 일을 그리고 왜 그 일을 정말 해야만 하는지에 대해 생각해보고, 학교로 돌아간다면 무엇을 전공으로 선택하는 것이 보다 빨리 새로운 생활에 정착할 수 있는지를 고민해야 한다고 조언하였다. 당시 MBA 프로그램을 커리어 전환의 발판을 마련하기 위한 수단으로 고려하고 있었다. 나는 스포츠 에이전트로 근무하는 선배의 '앞으로 무슨 일을 하고 싶은지'에 대한 단 하나의 질문과 몇 차례 오간 대화로 쉽게 최후의 결정을 내릴 수 있었다.

나: "저는 스포츠 브랜드 업계로 돌아가는 것이 가장 우선적인 목표입니다. 물론 그동안 했던 법무 업무는 아니고요."

선배: "그렇다면 MBA까지는 필요 없을 것 같은데? 일반 대학원 과정에서 스포츠용품 업계에 집중된 프로그램이 있는지 찾아봐. 스포츠 관련 전공을 가르치는 대학들이 몇 있다고 들었어."

그 날 집에 돌아오자 마자 정보를 검색한 결과, 내가 살던 포틀랜드에 오리건 대학교(University of Oregon)가 2015년 새로 개설한 스포츠 제품 경영 석사 과정이 있는 것을 확인하고 그 다음을 준비하게 되었다.

나이키 본사 방문기

포틀랜드 도심에서 약 8마일(12km) 정도 떨어진 곳에 비버튼 (Beaverton)이라는 도시가 있다. 비버라는 동물의 이름에서 유래된 지명을 가진 이곳은 98,962명(2018년 기준)이 살고 있다. 비록 인구수는 많지 않지만 이곳에 글로벌 본사를 두고 있는 세계 최고의 스포츠 브랜드 나이키가 있다. 나이키 글로벌 캠퍼스로 연결되는 입구는 여러 곳이 있는데 그 중 One Bowerman Drive와 연결되는 입구가 나이키 제국의 웅장함을 보여준다. 나이키 캠퍼스를 걷다 보면 특이점을 쉽게 찾을 수 있다. 캠퍼스 내 대부분의 건물이 나이키로부터 후원을 받은 최고의 선수들의 이름으로 되어있다는 것이다. 대표적으로 전 세계 농구인의 사랑을 차지한 농구의 전설 마이클 조던, 골프황제 타이거 우즈 및 미국 여자 축구를 대표하는 미아 햄 빌딩 등이 있다.

Bowerman One Dr.에서 바라본 나이키 글로벌 본사 정문. 그 앞으로 보이는 건물은 나이키의 역사를 한 눈에 알아볼 수 있는 Pre Hall 이다.

한편, 2020년 완공하는 본사 건물은 인기 농구선수인 르브론 제임스의 이름을 따와 '르브론 제임스 빌딩'으로 지어진다. 또 특이한 점은 나이키 캠퍼스에 일본 정원이 있다는 사실이다. 나이키의 전신인 블루리본스포츠는 일본의 오니츠카 타이거(이후 아식스)의 신발을 미국으로

왼쪽 사진은 Pre Hall에 전시된 1972년 나이키 "Moon Shoes"이며, 이는 빌 바우먼이 와플기기에 고무를 부어 아웃솔을 제작했던 나이키의 초창기 모델이다. 오른쪽 사진은 마이클 조던 빌딩 로비로 그동안 출시된 조던 시리즈가 전시되어 있다.

수입하여 판매하였다. 현재의 나이키로 성장하는 데 초반 도움을 준 일본인 파트너 및 투자자들에게 감사함을 전하기 위해 그 정원을 본사 한쪽에 만들었다는 것이다. 그중에서도 가장 소개하고픈 곳은 나이키의 발전과 역사를 한눈에 볼 수 있는 프리 홀(Pre Hall, 오리건 대학 출신의 트랙 선수인 스티브 프리판테인(Steve Prefontein 'Pre')의 애칭에서 유래됨) 기록 보관소이다. 여기에는 그동안 나이키가 개발한 제품과 후원 선수 등에 대한 내용을 전시하고 있으며 나이키가 얼마나 대단한 브랜드인지를 다시 한번 느끼게 해주는 곳이므로 본사를 방문하면 꼭 한번 들러 보기를 추천한다.

아직 늦지 않은 나이 35살,
다시 학생이 되다

SPORTS BRAND　　　　　CAREER ROADMAP

"부정적인 것들은 모두 내가 성장할 수 있는 기회이다"

— 코비 브라이언트

1

목표를 위해 선택한
미국 이민

　　미국으로 가기 전, 대학원 입학과 이민 준비를 동시에
했다. 미국으로 가겠다고 결정을 내린 것은 2016년 4월 말이었고 그해 9
월 입학하기 위해 2개월 동안 토플 시험, 에세이 작성, 추천서 등을 열심
히 준비했다. 이외에도 이민 서류 준비, 인터뷰 및 신체검사 등 신경 써
야 할 것이 수두룩했다. 그래도 살뜰히 챙겨주는 아내의 도움으로 빠르
게 대부분의 준비를 기한 내에 맞출 수 있었다. 6월 초 학교로부터 대학
원 입학에 대한 최종 승인을 받고, 한 달 후 미국 대사관 인터뷰를 마치
고 나서야 영주권을 취득했다. 영주권을 취득하기까지 나는 내가 다시
포틀랜드로 갈 줄은 정말 생각지도 못했다. 부모님을 따라 몇 년간 살았
던 곳에서 내 가족과 함께한다는 건 더더욱 생각하지 못한 일이었다.

　　이전에 살았던 곳이라고 해도 새로운 환경과 문화 등에 적응해야 한
다는 사실이 부담스러웠고, 앞으로 아이가 미국 아이들과 함께 자라고

살아가는 데 어려움은 없을지 걱정되었다. 아빠의 결정이 아이 미래에 어떤 영향을 미칠지 부모로서 책임감이 어느 때보다 더 강했던 것 같다. 내가 대학원을 졸업하면 만 35세인데 너무 늦지는 않았는지 염려되기도 했지만, 결국 나는 꿈을 위해 다시 학생이 되었다.

2016년 9월 6일, 한국에서의 삶을 모두 뒤로 한 채 미국으로 왔다. 내 기억 속에 포틀랜드는 20년 전과 비교했을 때 많이 달라져 있었다. 포틀랜드에 도착하자마자 우리가 앞으로 살 집을 급하게 알아보았고, 일주일 만에 학교 오리엔테이션을 시작으로 본격적인 18개월의 스포츠 제품 경영 석사 과정을 시작했다. 내가 다닌 오리건 대학교는 포틀랜드로부터 남쪽으로 차로 2시간가량 떨어진 유진(Eugene)이라는 도시에 본교 캠퍼스가 있다. 그러나 내가 다닌 프로그램은 스포츠 브랜드와 관

아디다스 미국 본사 NCAA팀에서 대학스포츠와 라이선싱 비즈니스에 대한 지식을 쌓았고, 이러한 경험을 학우 및 후배들에게 공유하기도 했다.

계된 프로젝트를 진행하고, 해당 업계의 임직원을 강사 및 강연자로 섭외하기 때문에 유진이 아닌 포틀랜드에 개설됐다. 내가 수강한 프로그램의 경우, 일반적인 석사 과정 2년이 아닌 1년 6개월의 기간 동안 풀타임 학생 신분으로 진행되었다. 본 과정에서 나를 포함한 50명의 동기는 브랜딩, 상품 디자인, 개발, 마케팅, 머천다이징, 소싱, 재무회계, 법무 등을 두루 배우고 실습하였다. 동시에 나는 여름 방학 동안 아디다스 미국 본사에서 대학스포츠(NCAA)팀 소속으로 인턴십을 진행하였고, 마지막 학기에는 아디다스 리테일 매장에서 파트타임으로 일하면서 라이선싱 상품 전략을 배운 뒤 졸업을 했다.

돌이켜보면 내가 대학원에서 얻게 된 것은 지식과 경험뿐만이 아니었다. 프로그램 특성상 대학원 입학부터 졸업까지 한 가지 프로젝트를 같은 팀원들과 진행해야 했는데, 이 때문에 팀원들 간 오해와 갈등을 해결해 나가는 방법을 배울 수 있었고 이는 현재 일하면서도 많은 도움이 되고 있다.

2

가장 두렵지만 극복해야 하는 단어 '실패'

나는 졸업만 하면 바로 취업할 수 있다고 생각했다. 미국에서 유일한 스포츠제품 경영대학원 과정이라는 자부심이 있었기 때문이다. 동기들이 한 명씩 취업을 했다는 소식을 들을 때마다 반갑고 좋기도 했지만, 한편으로는 내가 미국으로 오기 전 걱정했던 일이 현실이 될 것 같아 무서웠다. 바로 제일 두려웠던 단어, '실패'이다. 실패하지 않기 위해 졸업할 즈음부터 모두 80여 개의 포지션에 지원했다. 물론 취업이 되지 않을 수 있다는 두려운 마음에 스포츠 브랜드가 아닌 다른 업계에 이력서를 제출하기도 했다. 가장으로서 책임감도 큰 이유 중 하나였다. 그리고 지원한 80개의 회사 중 5개의 회사로부터 서류 통과 소식을 받았고, 최종 인터뷰 끝에 바라고 바라던 컬럼비아 스포츠웨어에서 합격 소식을 들었다. 비록 3개월 단기 계약직 근무였지만, 나는 꽁꽁 얼어붙었던 땅에서 조금씩 싹을 틔우기 시작하였다.

나의 취업 과정을 돌이켜보면, 매일 아침 각 브랜드의 채용 사이트, 링크드인(linked-in) 채용 정보 등을 살펴봤다. 지원하고 싶은 포지션이 있으면 이미 작성해둔 이력서와 커버레터(cover letter)를 첨부하여 제출했다. 직무에 따라 이력서도 수정해야 하는데 그렇지 않았던 것이 큰 실수였다는 사실을 나중에서야 알게 되었다.

거듭되는 좌절과 희망을 잃어가는 나의 모습에 다시 용기를 준 것들이 있었다. 아무것도 이루지 않고는 절대로 한국에 가지 않겠다고 다짐했던 이민행 비행기 항공권, 나의 결정을 존중해 주신 사랑하는 부모님과 가족의 모습이 담긴 사진, 그리고 대학원 입학 당시 미래에 대한 긍정적인 포부를 기재했던 자기소개서(Personal Statement)이다.

자기소개서 – 일부 발췌

많은 사람들은 내게 현재에 만족하고 위험 부담을 갖지 말라고 한다. 그러나 나의 모토는 "만일 도전해보지 않으면, 아무것도 얻지 못한다(If you never venture out, you never gain anything)"이다. 나는 언제나 더 나은 사람이 되기 위해 반성하고 개발하고자 노력한다. (중략) 나는 스포츠제품 경영 과정을 통해 더 나은 제품 매니저이자 더 발전된 사람이 되고 싶다. 나는 졸업 후 스포츠용품 업계에서 훌륭한 리더로 성장하고 싶다.

여기서 내가 취업과 관련하여 조언해주고 싶은 것은 정규직만을 고집하지 말라는 것이다. 물론 정규직은 계약직보다 지위적 측면에서 더 안정적이다. 그렇지만 사회생활을 시작하거나 새로운 직무로 이직을 고려하는 사람들은 해당 직무를 성공적으로 수행할 수 있는 밑바탕이 있다는 사실을 증명하는 데 어려움이 있을 수도 있다. 따라서 계약직이라도 자신이 바라던 회사나 직무에서 업무적 경험을 쌓을 수만 있다면 일단 도전하라고 이야기하고 싶다.

인턴도 마찬가지이다. 대학생 인턴들은 아직 학생이라는 신분을 가지고 있기 때문에 작은 실수를 하거나 아주 기본적인 질문을 하더라도 용인될 수 있다. 일단 들어가서 회사의 분위기가 나의 성향에 맞는지, 내가 희망하는 직무가 정말 내가 원했던 것이 맞는지, 직접 체험해보고 나서 자신의 커리어를 설계해 나가기를 바란다.

3

성공의 밑거름이 된
매장 판매 경험

이후 다시 이야기하겠지만, 내가 현재 컬럼비아 스포
츠웨어 신발팀에서 정직원으로 근무할 수 있었던 것은 모두 리테일 매
장에서 판매직원으로 일할 때의 경험 덕분이다. 법무를 담당했던 직원
이 매장 판매사원이 된다는 게 쉽지는 않았지만 소비자 행동과 머천다
이징 등에 대한 이해와 사람을 상대하는 법까지 두루 배울 수 있었던
소중한 기회였다. 이는 브랜드에서 일하기 위해서 반드시 충족해야 할
경험은 아니지만 확실한 것은 여기서 배운 것들이 현재 내가 하는 일들
의 밑거름이 되었다는 점이다.

리테일
내가 왜 리테일 매장 경험을 꼭 해봐야겠다고 생각하게 되었는지부
터 이야기를 시작하고 싶다. 대학원 과정 및 인턴십을 통해 내가 해보

고 싶은 것은 머천다이저의 업무였다. 머천다이저는 새로운 제품이 개발되면 어떤 유통 채널을 통해 판매하고, 론칭 시점은 언제로 할지 등을 전반적으로 관리하여 제품을 성공시키고 회사의 수익을 극대화하는 일을 담당한다. 그러나 나는 많은 제품을 입거나 신어보지도 않았을 뿐만 아니라, 소비자들이 무엇을 원하고 트렌드는 어떻게 흘러가는지에 대한 교육을 받은 적도 없다. 매장은 이를 배우는데 최적의 장소로 소비자들을 상대하며 니즈를 파악할 수 있으며 또한 각종 제품을 눈치 보지 않고 착용해 볼 수 있다. 예를 들어 신제품이 출시됐다고 하자. 본사에서는 최고로 트렌디한 제품을 출시했다고 평가하더라도 실제 시장에서 그 제품의 판매가 저조하면 어찌될 것인가? 결국 성공하지 못하는 제품이 되고 말 것이다. 즉, 리테일 매장은 신제품의 성공 여부를 가장 먼저 느낄 수 있는 곳이다.

나의 리테일 매장 경험을 한 문장으로 정리해보면, "스포츠 브랜드 업계에서 일하고 싶다면 반드시 경험해야 하며, 나의 한계와 인내를 키워줄 수 있는 매력적인 경험"이라고 말하고 싶다. 물론 다양한 고객들을 만나면서 '뭐 이런 인간이 다 있어?'라는 감정이 들기도 하지만 말이다. 나는 무언가를 할 때 마다 그 경험에서 얻게 되는 교훈과 이루고자 하는 목적이 항상 있다고 생각한다. 내가 아디다스 직원 매장에서 일하기로 한 목적 중 하나는 매장을 방문하는 타 부서의 동료들이 어떤 업무를 하는지 이해하고, 그들과의 또 다른 네트워크를 형성하여 새로운 기회를 만들고 싶었기 때문이다. 나아가 앞으로 몇 년 후 내가 더 많은 업무적 역량을 키워 리더가 되었을 경우, 전반적인 브랜드의 제품 기획, 개발 단계에서부터 소비자에게 판매하는 단계를 골고루 이해하고 싶었다. 어쩌면 이 경험은 나를 더 겸손하게 만들고 앞으로의 커리어를 이루어 나가는데 밑바탕이 되는 과정이었다고 생각한다.

신입 매장직원으로 기본적인 교육을 받기 위해 아디다스 직원 매장으로 가게 되었다. 아디다스 미국 본사 한쪽에 자리 잡은 매장은 고위 임원들부터 꿈을 향해 도전하는 인턴까지 방문하고 있다. 물론 직원의 지인이나 매장 출입권이 있는 일반 고객까지 포함하면 하루에도 수많은 사람들이 오간다. 이 매장은 미국에서 가장 매출이 높은 곳이기도 하다.

오리엔테이션을 위해 매장을 방문했을 때 기억나는 첫 장면은 나와 13살 차이 나는 매장 동료가 석 달 후면 매장에서 근무한 지 딱 1년이 된다면서 선배 노릇을 하려고 했던 것이다. 그때 솔직히 나는 '야, 형은 이미 이 업계에서 년수만 6년째야!'라고 하고 싶었으나, 굳이 어린 동료에게 뽐낼 것도 아니고 어린 나이부터 사회생활을 하고 있는 것에 대해서는 크레딧을 주고 싶었다. "대단하다. 정말 멋지다."라고 엄지손가락을 치켜세워줬더니 좋단다. 그래도 어린 나이부터 사회 경험을 독려하는 미국 사회의 인식이 부럽기도 했다.

본격적으로 업무를 시작하기 전, 오리엔테이션이 진행되었고 브랜드의 역사 및 가치에 대한 전반적인 교육에서부터 매장 근무 시 지켜야 할 기본 사항, 고객이 매장 출입 시 어떻게 대화를 시작해야 하는지에 대한 커뮤니케이션 스킬 등을 교육받았다. 물론 매장에서 우리 제품이 깔끔해 보이고, 고객이 우리 제품을 더 사고 싶도록 정리하는 기초적인 것까지 오리엔테이션에서 배웠다. 그뿐만 아니라 분기별로 신발, 의류 상·하의를 지급받는데 특정 가격 범위 내에서 내가 원하는 제품을 고를 수 있는 재미도 첫날 얻게 되는 기쁨이다.

리테일 직무 교육

리테일 매장 첫 주 근무 장소는 스토어 플로어(store floor)이다. 필요한 각 구역의 교육부터 시작한다. 일대일로 각 플로어를 담당하는 팀 캡틴(매니저)으로부터 캐셔(cashier), 신발구역, 의류구역, 체인지룸(옷방)에서 해야 하는 업무를 배우게 된다. 내가 가장 좋아했던 리테일 매장에서의 업무는 신발, 의류구역에서 고객을 상대하고 제품에 대한 정보를 제공하면서 그들과 대화하는 것이었다. 물론 내가 좋아하는 제품을 안내할 때는 누구보다 왜 그 제품이 좋은지에 대해 설명해줄 수 있고 해당 고객이 내가 설명한 제품을 구매하면 뭔가 모르는 뿌듯함을 갖게 된다. 다음으로 고객이 선택한 제품을 착용해보는 체인지룸에서의 업무는 리테일 업무의 중노동이라고 표현하고 싶다. 고객이 제품을 실제 착용해보고 자기에게 맞는지 입어보기 위해 체인지룸에 들어가는데, 가지고 들어가는 옷이 몇 점인지 그리고 맞지 않을 때 우리에게 돌려주면 그 옷을 다시 깔끔하게 정리하여 제자리에 갖다 놓는 것이다. 간혹 고객이 맞지 않거나 어울리지 않은 옷을 직접 정리해서 원위치에 가져다 놓는 감사한 행동을 하시는 경우도 있으나, 브랜드 가이드라인에 따라 이를 정리하는 방법이 별도로 있으니 그냥 두고 가셔도 된다고 말하고 싶다. 참고로 고객이 매장을 둘러볼 때 제품이 깔끔하게 보이도록 하는 업무도 비주얼 머천다이징의 한 부분이기도 하다.

마지막으로 캐셔 교육은 고객이 제품을 구매하면 계산을 하는데, 계산대에서 고객을 대응하는 것부터 결제 전반에 대한 것들을 배우게 된다. 사실 캐셔의 담당 업무는 단순히 계산하는 것에만 그치는 것이 아니다. 제품을 구입하고 매장을 나가는 출입문까지 나가서 물건을 넘겨주며 고객을 배웅하는 세심함을 보여 우리 매장을 방문한 고객에게 좋은 인상을 주어 기억에 남는 경험(consumer experience)을 제공하는 역할을 하게 된다. 계산대 앞에서 그냥 물건을 넘겨주기보다 나가는 곳까지 배웅하면서 제품을 건네준다면 고객은 더 좋은 기분으로 매장을 나가게 되는 것이다.

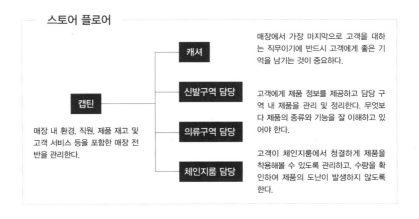

스토어 플로어

캡틴
매장 내 환경, 직원, 제품 재고 및 고객 서비스 등을 포함한 매장 전반을 관리한다.

캐셔
매장에서 가장 마지막으로 고객을 대하는 직무이기에 반드시 고객에게 좋은 기억을 남기는 것이 중요하다.

신발구역 담당
고객에게 제품 정보를 제공하고 담당 구역 내 제품을 관리 및 정리한다. 무엇보다 제품의 종류와 기능을 잘 이해하고 있어야 한다.

의류구역 담당

체인지룸 담당
고객이 체인지룸에서 청결하게 제품을 착용해볼 수 있도록 관리하고, 수량을 확인하여 제품의 도난이 발생하지 않도록 한다.

고객

나의 첫 리테일 근무는 매장 계산대에서 하는 업무였다. 사실 이 업무는 계산대에서 고객들이 가져오는 제품을 계산하고 쇼핑백에 넣어주는 것으로만 생각했었다. 그런데 내가 여기서 배우고 알게 된 것은 그 이상이다. 내가 아무리 제품의 특성이나 기능 등을 고객에게 설명하더라도 결국 구매하고자 하는 제품은 본인이 선택한 제품이다. 캐셔를 하게 되면 고객들이 최종 구매한 제품이 무엇인지를 알 수가 있다. 일반적으로 내가 계산대에서 근무하면 7시간 이상을 일하는데, 어떤 제품은 10명의 고객 중 1명 이상이 꼭 구매하는 것을 보게 된다. 처음에는 단순히 그 제품이 고객 개인이 좋아하는 스타일이나 색상이기 때문이라고만 생각했는데, 해당 제품을 구입하는 고객의 수가 많아지는 걸 보면 그 제품의 인기와 색상의 트렌드가 보인다. 나는 근무 첫날 약 30명 정도의 고객을 상대했는데 투블러 쉐도우(Tubular Shadow) 회색 신발을 가져온 고객이 7명이나 되었다. 궁금한 나머지 몇몇 고객에게 물어봤다. "오늘 정말 많이 나가는 제품인데, 어떤 이유로 이 제품을 골랐어요?" 그들의 대답에서 유사성을 찾을 수 있었다. "사실 이지부스트(Yeezy Boost) 회색을 구입하고 싶었는데, 그 제품은 구하기도 힘들고 해서 그것을 대체할 수 있는 비슷한 색상을 찾았어요.", "이지부스트는 비싸지만 상대적으로 이 제품은 내 형편에 살 수가 있어요.", "색상이 너무 마음에 들어요. 단순 검은색도 아니고 또한 프라임니트(primeknit)로 된 소재도 마음에 들어요." 공통점은 소재 및 색상에 있었던 것 같다. 이를 통해 그

레이 계열의 프라임니트 소재, 그리고 스타일을 강조한 제품이 그 당시 인기를 끌고 있다는 것을 알게 되었다. 이 경험을 통해 소비자들의 트렌드를 읽게 되면서 인턴 때 알고 지낸 제품기획팀 친구에게 이런 색상이 요즘 잘 먹히는 것 같다는 의견도 전달하면서 제품 개발 시 이를 참고하는 것도 좋을 것 같다는 개인적인 의견도 공유하게 되었다. 왜 매장에서 소비자를 만나고 그들과 이야기하는 것이 머천다이징이나 제품 개발 측면에서 중요한 경험이 되는지 알게 되었다.

그뿐만 아니라 매장에서 근무하게 되면 어떤 신발은 짝이 맞지 않은 경우가 있다. 매장에서는 가장 발생하지 않아야 하는 경우가 이에 해당한다. 신발이 짝이 안 맞으면 결국 두 켤레를 팔지 못하게 된다. 회사 입장에서는 엄청난 손실이다. 이러한 제품이 발견되는 즉시 해당 제품의 동일 사이즈 신발 박스를 하나씩 다 열어보고 찾아야 한다. 일반적으로 다른 박스에서 찾기도 하지만, 정말 도대체 어디로 간 건지 매장 어디에서도 찾기 힘든 경우도 종종 발생하기도 한다.

아울러 매장 근무 중 배운 내용으로는 환불, 교환 이유이다. '제품이 안 좋아서?', '색상이 마음에 안 들어서?', '지름신이 내려서?' 물론 소비자 개인마다 각자의 사유로 다시 매장에 와서 환불이나 교환을 요구하는 경우가 있다. 하지만 일을 하며 알게 된 가장 큰 이유는 바로 사이즈 때문이다. 이 글을 읽는 분들은 특히 신발이라면 구입 전 매장에서 꼭 신어보길 권한다. 각자의 발 모양이나 구조에 따라 같은 사이즈라도 불편함이 있을 수도 있고 아닐 수도 있다. 의류도 마찬가지다. 마네킹이

입고 있는 옷이 나에게 잘 어울리거나 기장이 맞을 거라는 판단에 걸쳐 보지 않고 바로 계산대로 향하는 경우가 있다. 환불, 교환의 가장 큰 이유는 사이즈가 맞지 않다는 것이었다. 물론 환불을 위해 매장을 재방문하면서 새로운 제품이 진열된 것을 구매하는 사람들도 있어 매장의 트래픽(traffic) 측면에서는 일부 긍정적인 면도 있을 수 있다.

매장에서의 근무 경험은 다양한 제품의 장점과 소비자의 요구 및 트렌드를 이해하는데 상당한 도움이 됐다.

캐셔 외에 매장 근무는 소비자에게 제품을 소개하거나 권유하는 판매직원이 있다. 리테일에서의 꽃은 바로 판매직원이 아닌가 싶다. 이 일을 하기 위해서는 전반적인 제품의 기능, 제품 구조에 따른 이점 및 제품 진열 위치 등을 모두 유연하게 알고 있어야 한다. 내가 신발구역에서 제품을 안내했던 고객 중 미국 서부 해안 코스트가드라고 본인을 소개했던 사람이 있었다. 당시 그 고객은 러닝화 섹션에서 제품을 보고 있었는데, 나는 그에게 다가가서 오늘 하루 기분은 어떤지, 저녁에 특별한 일정이 있는지부터 대화를 시작하여 고향은 어디고 어떤 운동을 좋아하는지, 얼마나 자주 하는지 등에 대해 이야기하였다. 이렇게 많은 대화를 나누는 이유는 해당 고객의 기호와 취미 등을 끌어내 그에 맞는 제품을 추천하기 위한 목적이 있다.

(상황: 고객은 러닝화 섹션에서 신발을 고르고 있음)

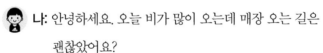 나: 안녕하세요. 오늘 비가 많이 오는데 매장 오는 길은
   괜찮았어요?

고객: 네, 뭐 여기 포틀랜드는 비가 자주 오는 도시라
   이제 아무렇지도 않네요.

나: 혹시 다른 도시에서 왔어요?

고객: 네, 저는 원래 샌디에이고에서 살다가 코스트가
   드로 현재는 서부 해안경비대에서 근무하고 있

어요.

 나: 이 나라를 위해 근무해주셔서 고맙습니다.

 고객: 천만에요.

 나: 근데 러닝을 주로 하시나 봐요?

 고객: 그렇게 자주 하는 편은 아니에요. 체육관에서 주로 운동을 하는데, 1주일에 한 5마일 정도 달리고는 해요. 또 제가 산책을 좋아해서 이러한 활동에 맞는 제품을 찾고 있어요.

 나: 그럼 제가 그런 활동에 적합한 제품군에 대해 안내해드릴까요?

 고객: 좋아요. 안 그래도 종류가 많아서 참 막막했는데 다행이네요.

 나: 저도 도움을 드릴 수 있어서 기쁘네요. 일단 저희 러닝 제품에 대해 설명해드릴게요. 저 앞쪽에서 시작되는 제품라인이 저희 아디다스에서 최고라고 자부하는 울트라부스트 라인이에요. (신발을 보여주며) 이 신발 밑은 콘티넨탈이라는 회사가 만들었어요. 타이어 재질로 신발 바닥이 받쳐줘서 다른 신발보다 더 오래 신을 수 있고 아스팔트 같은 거친 지면을 달리더라도 쉽게 닳지 않아요. 그리고 부스트라고 하는 이 하얀 입자는 달리거나 걸을

때 그 충격을 흡수하여 발이나 무릎에 무리가 가지 않도록 도와줘요. 특히 오르막을 오를 때 힐 부분에 대한 충격을 흡수해서 운동을 마치더라도 통증이나 피곤함이 덜 해요. 그리고 윗부분은 통풍이 잘되고 가벼운 소재를 사용해서 좀 더 편안하고 포근하게 운동할 수 있는 것이 장점이에요. 그러나 상대적으로 비싼 가격대이고 그 기능이 장거리를 달리는 분들에게 맞춰진 제품이기 때문에 고객님의 운동 스타일이나 목적에는 잘 맞지 않을 수도 있어요.

 고객: 제품 설명을 들으니 더 열심히 운동하고 싶은데요? (웃음)

 나: 맞아요. 근데 고객님의 운동 목적을 위해서는 이 제품보다는 여기 있는 퓨어부스트를 추천하고 싶어요. 퓨어부스트는 울트라부스트나 에너지부스트 아래 단계의 기능성 모델이지만 그 제품의 특징이나 전반적인 내구성 측면에서는 유사하다고 보시면 돼요. 그리고 신발을 고를 때, 꼭 기억하세요. "신발이 당신을 신는 게 아니라, 당신이 신발을 신는 겁니다. 본인이 원하는 사이즈나 색상으로 고르세요."

고객: 재미있는 말이네요. 고마워요. 이 옆에 있는 알파
　　　　바운스에 대해서도 설명해줄 수 있어요?

 나: 그럼요. 알파바운스로 말할 것 같으면…

(이하 생략)

　어찌 보면 필요 없는 대화까지 했다고 생각할 수 있으나, 이러한 과
정을 통해 고객과 좀 더 가까워지고 그들이 필요한 것이 무엇인지 파악
하여 안내하는 것이 판매직원의 역할이다. 물론 오랜 시간 에너지를 투
자하면서 설명하더라도 결국 구매까지 이어지지 않는 경우가 다반사지
만, 이를 통해 나는 사람을 대하는 방법부터 제품에 대한 이해 등에 대
해 배웠고, 이것이야말로 리테일 경험에서 얻은 최대의 수확이었다고
생각한다.

　그 외에 의류구역에서 근무할 때는 마네킹에 걸린 옷이나 매장 내
광고물이 어떻게 소비자에게 영향을 미치는지에 대해서도 관찰하는 계
기가 되었다. 신제품이 출시되면 해당 섹션의 마네킹에 그 제품을 입혀
놓는데 이는 그만큼 우리가 고객에게 해당 제품을 어필하여 판매가 수
월하게 이루어지기 위한 목적이 크다. 이는 비주얼 머천다이징이라는
제품 전시팀이 담당하는데 본사의 가이드라인에 따라 타 지역 및 타 매

장에도 동일하게 진열되도록 함으로써 통일성을 주는 데 목적이 있다. 옷을 개는 방법에서부터 제품을 옷걸이에 걸어 사이즈에 따른 배열 등 모든 것이 구체적인 가이드라인에 따른 것이다. 의류와는 달리 신발 제품은 박스에 넣은 상태에서 제품을 판매하기 때문에 상대적으로 비주얼 머천다이징의 비율이 적은 듯하지만 의류구역은 그것이 핵심인 것 같다.

　돌이켜보니 나는 매장 경험을 통해 소비자 성향 및 트렌드를 이해하고, 커뮤니케이션 능력을 키웠을 뿐만 아니라 제품의 기능 및 특성을 공부하고, 아울러 비주얼 머천다이징 및 어떤 제품을 특정 매장에 내놓아야 하는지를 고민하는 머천다이징까지 두루 경험함으로써 1석 4조 이상의 경험을 했다. 몸은 어느 때보다 피곤했지만 그만큼 배우는 것도 많았다.

4

컬럼비아 회장과의
면담을 기회로 잡다

나는 대학원 졸업 후 3개월 단기 계약직원으로 컬럼비아 스포츠웨어 의류팀 산하의 머천다이징 업무를 담당하게 되었다. 의류보다 신발과 관련한 업무를 맡고 싶었으나 기회가 쉽게 오지 않는 상황에서 이마저도 감사했다. 그래도 나의 관심과 열정을 쉽게 포기할 수는 없었다. 그래서 시간이 남으면 신발팀에 찾아가서 제품 개발자들과 이야기 나누기도 하고 새로 출시될 모델에 대해서도 내 의견을 공유하는 등 나 혼자 스스로 준비할 수 있는 것들을 해나갔다. 나는 의류팀에서 아시아 지역을 담당했는데, 어느 날 유럽 지역을 담당하는 의류팀 이사님이 내 계약직 근무 기간이 연장될 수 있는지, 어떤 상황에 있는지 물었다. 이 분은 나의 대학원 교수님의 전 소속 팀원이었고 많은 동료 직원 사이에서 좋은 평가를 받는 사람이었다. 개인적으로 이야기할 시간을 잡으려고 했지만 워낙 바빠 쉽지 않았는데, 먼저 다가와서 시간을 내준 것이다. 누군가 신뢰할 만한 사람에게 내 이야기를 하는 것은 중요하다고 생각했다. 그리고 아디다스 지온 사장님이 전에 내게 조언해 주셨던 것처럼, "갖고 싶다면 이야기 해라, 말하지 않으면 알 수 없다." 라는 말이 기억이 났다. 비록 의류팀 소속이긴 했지만 나는 이야기했다. "저는 사실 의류보다는 신발 관련 업무에 더 큰 관심이 있습니다. 몇 주 전 신발 팀 총괄 사장님 및 관련 임원들 앞에서 제가 대학원에서 준비했던 트레일 러닝화 프레젠테이션도 했습니다. 기회가 어떻게 될지는 모르겠지만, 된다면 전 신발 분야에서 커리어를 쌓고 싶습니다." 이사님은 나의 커리어는 내가 찾아가는 것이고 설계하는 것이라며 격려해줌과 동시에 올해 초 회장님이 신발 분야에 대한 투자 등을 확대해 나갈 것이라는 공표를 하였으니, 회장님을 한번 만나 보는 게 어떻겠냐는 이야기를 했다. 단 한 번도 계약직 직원이 회장님께 일대일 면담을 요청하는 것은 생각해보지 않았다. 지온 사장님도 아디다스 미국 사무실에서 가장 높은 직위에 있는 분이기는 하나, 한국에서 그 분의 직원으로 있었기 때문에 어색하거나 어려운 면이 좀 덜 했던 것이 사실이다. 그렇지만 회장님을 직접 대면한다는 것은 쉽지 않은 결정이라 생각했다. 이사님은 "회장님은 사람을 만나고 싶어 하는 분이야. 그분의 지위를 보고 직원들이 어려워하긴 하지만, 정말 좋은 분이기 때문에 너의 이야기에 관심을 가져 주실 거야." 라고 하였다. 미팅을 마치고 내 자리로 돌아와 용기를 내서 회장님께 간단하게 이메일을 쓰고, 눈을 딱 감고 보내기 버튼을 눌렀다. "회장님, 전에 2019 시즌 최종 미팅에서 간단히 인사드린 서 스티브입니다. 신발이 새로 공표된 우리 회사의 전략 분야인 것으로 알고 있습니다만, 기회가 된다면 회장님께 직접 신발 사업의 비전에 대해 듣고 싶습니다. 서 스티브 드림." 지금 생각하면 내가 어디서 이런 용기가 났는지 모르겠다. 메일 전송 버튼을 누르고 혹시 잘못하지는 않았나 살짝 걱정되기도 했다. 몇 시간 후 회장님께서 답장을 주셨다. "스티브 반갑다. 좋다. 너와 만나서 나의 신발 사업에 대해 이야기를 해주마. 내 비서를 통해 약속을 잡자꾸나. 좋은 주말 보내길. 팀 보일." 이렇게 회장님과의 미팅 약속이 잡혔다. 주말이 지나고 오는 화요일 오전 10시, 나는 회장님과 예정된 미팅 장소에서 회장님이 오시기만을 기다렸다.

회장님과의 미팅에 늦지 않기 위해 미팅 5분 전부터 회장님의 사무실 앞에서 대기하고 있었다. 정확히 미팅 시간이 되자 회장님께서 오셨다. 팀 보일 회장님은 동료 직원들에게 들었던 것처럼 친근하고 매우 인자하신 백발의 신사의 모습이었다. 회장님께서 본인의 사무실로 나를 안내하였고, 잠시 커피를 가지고 온다고 하시며 자리를 비우셨다. 회장님이 안 계시는 동안 자리에 앉아 사무실을 둘러보았다. 회장님 방에는 본인의 가족, 동료들과의 사진이 벽에 가득히 걸려 있었다. 회장님의 첫 마디는 "잘 찾아왔어. 반가워 스티브."였다. 그리고 전에 아버지가 삼성 주재원으로 포틀랜드에서 잠깐 살았다고 이야기했던 것을 기억하시고는 아버지가 아직도 삼성에 다니는지 물었다. 당시 나의 이야기를 기억하고 있다는 사실이 놀라웠고 감사했다. 아울러 회장님도 본인의 이야기로 간단한 아이스브레이킹(ice-breaking)을 마친 후, 계약직으로 일하는 2개월 동안 회사에 대해 정말 궁금했던 내용을 여쭤보게 되었다. "회장님, 저는 신발에 관심과 열정이 많습니다. 회장님의 신발 사업에 대한 비전을 듣고 싶습니다."라고 말하자 회장님께선 컬럼비아 스포츠웨어 신발 사업이 어떻게 시작되었는지에 대한 이야기를 해주셨다. 현재 컬럼비아 스포츠웨어가 소유하고 있는 소렐 브랜드는 원래 캐나다에 있는 회사의 소유였다고 한다. 그러던 중 부가부 재킷(Bugaboo Jacket)을 캐나다에서 판매하기 위한 영업 파트너십 계약을 체결하였고, 그 회사에서 부가부 재킷과 매칭시킬 수 있는 신발이 있는데 어떻겠냐며 해당 부츠를 소개했다고 한다. 그러한 파트너십 관계에서 결국 1993년 컬럼비아 스포츠웨어가 해당 브랜드를 매입하게 되었다고 한다. 이어 여기서 구체적으로 말할 수는 없으나 신발 사업이 가진 특수성, 즉 패션적인 측면과 기능적인 측면에 있어 그 가능성과 신발 산업 시장의 상황에 비추어 투자적 가치가 있다는 판단 하에 컬럼비아 스포츠웨어에서 대대적인 변화가 이루어질 것에 대한 이야기를 10여 분간 말씀하셨다. 이어 회장님께 내가 정말 묻고 싶었던 질문을 하게 되었다. 이건 나뿐만이 아니라 미국에 사는 이민자 및 유학생들이 고위급 경영인에게 한 번쯤은 물어볼 만한 가치가 있는 질문이라고 생각한다. "회장님, 저는 미국에서 태어나서 자란 아시안 아메리칸이 아닙니다. 저는 제 인생 대부분을 한국에서 보냈고, 미국에서 새로운 시작을 하려고 왔습니다. 저는 이러한 저의 배경이 다른 인재들과 차별화될 수 있는 부분이라고 생각합니다. 넓게는 아시아, 좁게는 한국의 문화와 가치, 사람들의 생각을 함께 소통

하고 공유했다는 것이 제가 가진 장점이라고 생각합니다. 이런 배경이 직원들에게 기대하시는 것이나 그 가치에 대해 어떻게 생각하십니까?" 회장님께서는 1초의 머뭇거림도 없이 바로 말씀하셨다. "스티브, 나는 글로벌 브랜드에서 영어 이외의 다른 언어를 구사하는 우리 직원들을 보면 참 대단하다고 생각해. 또한 문화적 배경이나 다양한 가치관을 우리 회사에서 배우고 느낄 수 있도록 한다는 점에서 매우 소중한 사람들 이라고 믿어. 나는 자네가 앞으로도 그러한 역할을 해줬으면 좋겠어." 회장님과 30분간의 미팅을 마치고 나니 왠지 모르게 내게 행운이 찾아 올 것 같은 느낌이 들었다.

5

바라고 바라던
컬럼비아 정직원이 되다

회장님을 뵌 후 거의 매일 하루 일과가 끝날 때쯤이면 신발 팀에 새로운 포지션이 떴는지 채용 사이트를 확인하였다. 그리고 어느 날, 채용 페이지에는 내가 그토록 바라던 자리가 공고에 올라왔다. "APAC Merchandising Specialist, Footwear." 공지가 뜬 지 5분도 안 돼 준비했던 이력서를 제출했고, 간절함이 가득한 기도 후 그로부터 며칠간을 기다리고 또 기다렸다.

새로운 기회를 받게 되는데 그것이 언제부터 시작될 것인지 모를 때, 혹시나 내가 안 되는 건 아닌지 걱정했을 때가 있었다. 사람마다 다르지만 그럴 때면 나는 늘 읊조리는 성경 말씀이 있다. 사무엘상 17:37에 따르면 "나를 사자의 발톱과 곰의 발톱에서 건져내신즉 나를 이 블레셋 사람의 손에서도 건져내시리다."라는 부분이다. 작은 소년 다윗이 골리앗과의 결투에 나가기 직전 두려움을 없애고 하나님께서 자신을 지켜주실 것이라는 믿음을 보이며 기도하는 장면이다. 쉽지는 않으나 이 말씀으로 나 역시 위로를 받았고 알지 못하는 두려움을 잠시나마 극복하는데 힘이 되었다.

이는 내가 계약직으로 컬럼비아 스포츠웨어 의류팀 코디네이터에서 정규직 신발 부문 아시아 담당자로 직무 이동이 논의되고 있던 시점이었다. 마음은 급한데 아직 들려오는 이야기는 없고, 시간이 흐르기만을 기다리는 내 모습에 긴장감과 오묘한 기분이 오간다. '설마 내가 아닌 다른 사람이 그 자리로 갈까? 혹시라도 나보다 경험이 많은 사람이 지원하는 것은 아닐까? 왜 내 이력서를 받고 빨리 진행 안 하지? 희망 연봉을 높게 불렀나?' 그냥 여러 생각이 들었다. '의류 쪽보다 신발 사업 분야로 커리어를 선호한다고 의류 사업부문 사장님께 이야기 한 것이 불똥이 되어서 행여나 어느 쪽에서도 부르지 않으면 어쩌지? 내 가족에 대한 기대감과 내 스스로의 만족도 어렵다면 어떡하지. 마음 편히 먹고 좋은 생각만 하자.' 그렇지만 걱정 또 걱정이 되었다. 수많은 사람들이 한번의 기회를 잡고자 얼마나 많이 노력하고 자신의 능력을 보여주기 위해 얼마나 많은 땀과 눈물을 흘리는지를 알게 되었다.

계약직으로 있으면서 무엇보다 불안한 것은 계약이 만료되면 과연 다시 연장될 수 있을지에 대한 근심이다. 전에 미국 기사에서 자신의 이력서를 받아달라며 기회를 갈구하는 노숙자에 대한 기사를 읽은 적이 있다. 단 한 번의 기회를 잘 잡으면 내가 바라는 일이 그 때부터 시작될 수도 있다. 그만큼 많은 준비와 시간을 투자했어도 우리가 바라는 대로 되지 않을 때가 있다. 그리고 그 노력이 기회와 때를 만나면 운명이 되고 인생의 전환점이 되기도 한다.

그날은 2018년 11월 1일이었다. 드디어 내가 갈망하던 신발 부문 정직원이 되어 근무를 시작하게 되었다. 여느 때처럼 간단히 아침식사를 하고 출근길에 올랐다. 내가 다니는 회사는 집에서 차로 20분 정도 거리에 있다. 내가 다니는 도로가 출근 시간이라도 그렇게 복잡한 편은 아니다. 달리는 차 안에서 매일 똑같이 라디오를 켰다. 출근길은 NPB (National Public Radio)를 통해 내가 살고 있는 미국 전역에서 이슈가 되고 있는 사회, 정치, 경제 등에 대한 내용을 듣는다. 반면 퇴근길에는 내가 좋아하는 스포츠 중계나 스포츠 선수 및 경기에 대한 평가를 다루는 라디오 프로그램을 들으며 업무 중 받았던 스트레스를 풀며 집으로 돌아간다. 내가 라디오를 듣게 된 특별한 계기가 있다. 물론 졸음을 떨치려는 이유도 있긴 하지만, 나는 집에서 한국어를 쓰기 때문에 출근 후 동료들과 업무를 시작하려면 나의 언어 모드를 영어로 바꿔줘야만 한다. 방송진행자의 정확한 발음과 부드러운 억양은 어느 나라에서나 마찬가지로 아나운서가 진행하는 뉴스가 듣기에 편안하다.

사무실에 도착하자마자 컴퓨터를 켠다. 내 메일함은 늘 그렇듯이 업무 협조를 요청하는 메일이 대다수다. 나는 회사에서 아시아 지역을 담당하는 머천다이저로 일하고 있다. 결국 내가 그토록 원했던 일을 하고 있다. 어느 누구는 나의 경험이 부족하거나 전혀 다른 일을 했다는 편견으로 인해 기회를 선뜻 주지 않았다. 그러나 가족 및 친구들의 격려와

컬럼비아 스포츠웨어의 정직원이 된 날은 아내의 생일이기도 했다. 미국 땅으로 건너온 후 무언가를 이뤘다는 생각에 기뻤던 하루였다.

기도가 있었기 때문에 힘든 과정을 잘 이겨낼 수 있었다. 또 다른 커리어의 시작이다. 내가 잘 할 수 있고, 하고 싶은 일을 하게 된 것은 정말 큰 축복이다.

사람의 인연은 기회이자
운명으로 찾아온다

사람의 인연은 또 다른 기회이자 운명으로 다가올 수 있다. 좋은 인상과 기억을 상대방에게 갖게 해준다면 이것이 나에게는 그토록 바라던 기회가 될 수도 있다는 것이다.

컬럼비아 스포츠웨어 의류팀에서 근무를 시작한 지 3주 정도가 된 시점에 전사 이메일을 통해 새로운 신발 총괄 사장이 회사에 합류했다는 소식을 들었다. 신임 사장의 이름을 보는 순간 왠지 모르게 나의 커리어에 있어 도움을 주실 것만 같은 분이 오신 듯 한 느낌을 받았다. 그는 피터 루피 사장님으로 현재 내가 모시고 있는 분이다. 피터 사장님과의 인연은 대학원 마지막 학기 시절로 거슬러 올라간다. 대학원에서 아시아 시장에 관한 연구 수업 중 게스트 스피커로 언더아머 신발 총괄 사장이라는 직함의 피터 루피 사장님이 강연을 하러 오셨다. 신발에 관심이 많았던 나는 강의실 맨 앞자리에서 사장님의 강연을 경청하였는데, 바로 그분이 우리 회사에 합류하신 것이다.

나는 이메일을 통해 사장님께 안부 인사와 함께 전에 학교 수업에 참석했던 학생이었음을 알렸고, 시간이 된다면 점심 또는 커피 한 잔을 하고 싶다고 말했다. 이에 한 시간 내에 흔쾌히 점심을 같이 하자는 답장을 주셨고, 며칠 후 사내 식당에서 점심을 먹게 되었다.

내가 살아온 한국도 마찬가지지만 회사 임원이 직원에게 한 시간가량의 시간을 내준다는 것은 결코 쉬운 일이 아니기 때문에 나는 적극적으로 나 자신을 마케팅해야 했다. 간단히 나의 커리어 및 교육적인 배경에 대해 말씀드렸고 사장님의 커리어에 대해서도 이야기를 들었다. 사장님께서 어떤 계기로 나이키에서 커리어를 시작하였고, 한국에서 두 번째로 큰 도시 부산에서 어떻게 주재원으로 근무하셨는지 등에 대해서도 이야기 들었다. 그리고 본격적으로 내가 앞으로 어떤 커리어를 갖고 성장하고 싶은지, 내가 가지고 있는 차별성이 무엇인지 등에 대해서 어필했다.

"저는 한국에서 온지 이제 거의 2년이 되어 갑니다. 한국에서 법학을 전공하고 아디다스 코리아 법무팀에서 스포츠 스폰서십 계약 및 세일즈 계약 등을 주로 검토했습니다. 그러나 저는 평소 제품 관련 업무에 관심이 많아 포지션을 이전하고자 했습니다. 하지만 생각보다 쉽지 않았고, 아내의 권유로 미국으로 이민을 결정한 뒤 제가 이루지 못한 것을 이루기 위해 다시 공부하기로 마음 먹었습니다. 그리고 선택한 프로그램이 오리건 대학교 스포츠제품 경영 전공이었습니다. 제게 단 한 번의 기회를 컬럼비아에서 받을 수 있다면, 신발 팀에서 아시아 시장을 담당하고 싶습니다. 저는 아시아에서 태어나고, 아시아에 자라고, 아시아의 문화와 소비자들을 이해하고, 특히 해당 마켓이 가진 특수성을 이해하

70

고 있습니다. 또한 아디다스라는 글로벌 브랜드에서 본사 및 지사간 다양한 업무를 진행한 경험이 있어 잘할 자신이 있습니다."

피터 사장님께서는 나의 그런 자세와 하고자 하는 의지가 보인다며, 훗날 기회가 오면 꼭 기억하겠다고 말해주었다. 식사와 담화를 마치고 일어나면서 내가 한 가지 제안을 드렸다. "사장님, 제가 대학원 다닐 때 트레일 러닝화에 대해 소비자 및 비즈니스 기회에 대한 프로젝트를 진행했던 것이 있는데, 괜찮으시다면 제가 해당 내용을 피칭(pitching)하고 싶습니다." 며칠 후 피터 사장님께서는 신발팀 디자인 디렉터와 PLM 디렉터 앞에서 내 프로젝트를 발표하고 피드백 받을 기회를 마련해 주셨다. 내가 피터 사장님과 학교 강의실에서 만났던 인연과 전에 리테일 매장에 근무하면서 '왜 다른 제품군과 달리 아디다스 아웃도어 신발 제품은 판매가 잘 안 되지?'라는 '왜'라는 호기심에서 준비한 프로젝트가 때를 만나 기회가 된 것이었다.

이 업계에서 일하기를 희망하는 여러분들에게 조언해주고 싶다. 본인이 스포츠 브랜드 업계에서 일하고 싶다면 정말 하고 싶은 업무가 무엇인지 생각해보고, 내가 다른 경쟁자들과 달리 어떠한 어드벤티지가 있는지 객관적인 판단을 해보도록 하자. 동시에 기회가 나에게 온다면 그것을 뒷받침할 수 있는 근거를 충분히 마련해두어야 한다. 그리고 부디 적을 만들지 말고 어떤 인연을 어디서 만나게 될지 모르니 기회가 있다면 자신의 열정을 적극적으로 이야기하길 바란다. 나의 꿈을 이야기하면, 그 꿈을 이루는데 손을 내밀어줄 인연을 만나게 될 수도 있기 때문이다.

전 세계 스포츠 브랜드 업계의
모든 것

SPORTS BRAND   CAREER ROADMAP

"결승선에서 최선을 다했음을 안다면, 당신이 승리자이다"

− 빌 바우먼

1

스포츠용품
브랜드 종류

　현대인들은 한정된 자원을 두고 서로 경쟁하면서 스트레스 받기 쉬운 환경에서 살아가고 있다. 스트레스는 지인들과 함께 운동하거나 가족들과 여가생활을 하며 해소하기도 하는데 이를 위해 구매하는 제품은 기능이나 디자인이 중요하지만, 일부 사람들은 특정 브랜드만이 가진 가치와 전통(authenticity)을 보다 중시하기도 한다.

　최근 스포츠 브랜드 시장은 빠르게 변화하고 있는데 일반 패션 브랜드에서 스포츠 라인을 개발하기도 하고, 스포츠 브랜드 제품을 사들여 판매하는 유통 채널이 직접 제품을 개발(private-label)하기도 한다. 이처럼 빠르게 변화하는 스포츠 브랜드 시장에서도 자기 브랜드만의 가치를 토대로 소비자들로부터 꾸준히 사랑받고 있는 브랜드에 대해 간략히 소개하고자 한다.

아디다스(adidas)

아디다스(www.adidas.com)는 아돌프 다슬러가 1948년 독일 헤르조 겐아후라흐라는 작은 도시에 설립한 브랜드이다. 애초 아돌프 다슬러는 친형인 루돌프 다슬러와 함께 1924년부터 신발 사업을 이끌어 갔으나, 두 사람의 성향이 정반대이고 세계 2차 대전 당시 정치적인 이해관계로 두 사람의 사이가 소원해져 결별하게 된 후 동생인 아돌프 다슬러가 독 자적으로 아디다스를 설립하였다. 아디다스는 각기 다른 소비자를 타겟 으로 스포츠에 집중한 스포츠 퍼포먼스(Sports Performance) 라인과 패 션 및 트렌드에 집중한 오리지널스(Originals)를 브랜드 산하 포트폴리 오로 두고 있다. 아울러 리오넬 메시, 제임스 하든, 데미안 릴라드, 포그 바 등의 유명 스포츠 스타들을 후원하고, 퍼렐 윌리엄스 및 비욘세 등과 도 성공적으로 콜라보하며 글로벌 스포츠 브랜드의 입지를 굳건히 지 키고 있다.

리복(Reebok)

조, 제프 포스터 형제가 1958년에 영국 볼턴에서 설립한 리복(www. reebok.com)은 현재 미국 보스턴에 본사를 두고 있다. 리복은 1990년대 에 샤킬 오닐, 엘런 아이버슨 등의 스포츠 스타와 손을 잡고 브랜드의 가치를 높여 나갔다. 현재는 피트니스를 중심으로 브랜드를 집중하고 있으며 리복 클래식이라는 이름으로 라이프 스타일과 패션을 강조한 스타일 라인의 제품도 꾸준히 출시되고 있다. 리복은 2005년에 아디다스 그룹에 속하게 되었다.

나이키(Nike)

나이키(www.nike.com)는 오리건 대학교의 트랙 코치인 빌 바우먼과 그의 제자였던 필 나이트가 1972년에 공동 창립하였다. 사실 필 나이트는 1964년 블루리본스포츠(Blue Ribbon Sports)라는 회사를 만들어 일본의 오니츠카 타이거(향후 아식스)로부터 러닝화를 수입, 미국에서 판매하였다. 나이키는 전 세계에서 가장 영향력 있는 스포츠 브랜드가 되었으며 수많은 마니아 층을 가지고 있다. 특히 1980년대 러닝화 비즈니스가 하락할 당시 미국 프로농구 슈퍼스타 마이클 조던과 계약하면서 새로운 도약과 동시에 현재의 나이키가 만들어진 기반이 되었다. 현재는 르브론 제임스, 케빈 듀란트, 크리스티아누 호날두 등이 대표적으로 나이키와 스폰서십 계약을 체결하고 있다. 나이키는 농구, 축구, 테니스 외에도 스케이트보드, 골프 등 스포츠 카테고리 전반에 걸친 제품군을 가지고 있다.

조던(Jordan)

조던 브랜드(www.jordan.com)는 나이키가 소유한 브랜드이고 앞서 설명한 바와 같이 마이클 조던이 덩크 하는 모습 (즉, Jump Man)을 로고로 하고 있다. 조던 브랜드는 농구화에 집중되어 있으며 일부 야구화 등의 제품도 생산하면서 카테고리를 넓혀가고 있다. 대표적인 후원 선수로는 러셀 웨스트브룩, 자이언 윌리엄슨, 데릭 지터 등이 있다.

컨버스(Converse)

컨버스(www.converse.com)는 1908년에 매사추세츠주 말덴에서 마
퀴스 밀스가 설립하였고, 2003년 나이키에 소속되었다. 캠퍼스화와 같
은 라이프 스타일이 주를 이루고 있으나, 브랜드 초기 많은 농구 선수들
이 코트를 누비는 농구화 (모델명: Non-Skid, 향후 All Star로 발전함)에
서 시작하였다.

언더아머(Under Armour)

언더아머(www.underarmour.com)는 1996년 미국 메릴랜드주의 볼
티모어를 본사로 설립되었으며 스포츠 의류가 브랜드의 사업의 핵심이
다. 창립자인 케빈 프랭크는 메릴랜드 대학교의 미식축구 선수로 활동
하였고, 미식축구 선수들이 유니폼 및 장비 안에 입을 수 있는 가볍고
통풍이 잘 되는 기능성 의류의 필요에서 시작되었다. 언더아머는 이후
신발 사업에도 투자하였으며, 대표적으로 스테판 커리와 브라이스 하퍼
등을 후원하고 있다.

뉴발란스(New Balance)

뉴발란스(www.newbalance.com)는 미국 매사추세츠주의 보스턴에
서 1906년에, 발 아치를 받쳐주고 평발인 사람들에게 착용 시 편안함

(under-foot comfortability)을 주기 위해 만들어진 브랜드이다. 1960년 대부터 운동 선수들을 위한 러닝화가 제작되기 시작했고 발 폭이 넓은 사람들도 신을 수 있는 와이드 핏(wide-fit) 제품을 출시한 것이 타 브랜드와의 차별성이다.

푸마(Puma)

1948년 설립된 푸마(www.puma.com)를 세운 사람은 아디다스를 창립한 아돌프 다슬러의 친형인 루돌프 다슬러이다. 푸마 브랜드는 1967년 만화가였던 루츠 바케스가 제작한 점프하는 고양이(Jumping Cat) 로고로 유명하다. 특히 푸마는 1998년 질 샌더와 같은 디자이너와 콜라보하며, 아티스트 등과 협업하는 스포츠 브랜드 업계의 트렌드를 만들어 냈다고 할 수 있다. 푸마는 우사인 볼트를 중심으로 2015년부터 "Forever Fast"라는 슬로건으로 가장 빠른 스포츠 브랜드로 성장하겠다는 비전을 공표했다. 뿐만 아니라 "패션에 앞장선 글로벌 스포츠 브랜드(The most fashion-forwarded global sports brand)"로 여성 중심의 브랜딩을 강조하고 있다.

루루레몬(Lululemon)

루루레몬(www.lululemon.com)은 1998년 창립 당시부터 캐나다 밴쿠버에 본사를 두고 있다. 위 브랜드는 운동할 때는 물론 어느 장소에서도 입을 수 있는 애슬레저(athleisure)를 표방하고 있다. 특히 여성의 요가 팬츠를 중심으로 사업을 성장시켰고, 피트니스를 기반으로 한 남성 제품 라인도 고객으로부터 많은 사랑을 받고 있다. 특히 루루레몬은 브랜드가 직영으로 운영하는 매장이 주를 차지 하는데, 각 매장이 독립적으로 커뮤니티 행사 등을 할 수 있도록 자율권이 있는 점에서 특징이 있다.

아머스포츠(Amer Sports)

2019년 중국의 안타 그룹에 편입된 아머스포츠(www.amersports.com)는 1950년 핀란드에서 시작하였다. 원래 담배업체로 시작하였으나 1986년 잭 니클라우스로부터 맥그리거 골프(MacGregor Golf)를 인수하면서 회사 내 스포츠 부서를 창설하였다. 아머스포츠는 야구 및 테니스 카테고리로 이름이 알려진 윌슨(Wilson) 브랜드를 비롯하여 살로몬(Salomon), 아크테릭스(Arc'teryx) 등이 그 산하 브랜드로 있다.

아식스(ASICS)

기하치로 오니츠카는 1949년 일본 고베에 마라톤화를 주 사업으로 하는 오니츠카 쇼카이를 세웠다. 1957년 브랜드가 호랑이 디자인에 대한 상표권을 갖게 되면서 오니츠카 타이거(Onitsuka Tiger) 브랜드가 탄생하였다. 특히 1964년 도쿄 올림픽에서 오니츠카 브랜드 신발을 신었던 47명의 선수가 메달을 따게 되면서 이 브랜드는 전 세계적으로 알려지게 되었다. 오니츠카 타이거 브랜드는 1977년부터 의류 사업을 시작하게 되면서 두 스포츠웨어 브랜드를 인수하게 되었고, 이로써 아식스로 브랜드 명을 변경하였다. 아식스(ASICS, www.asics.com)는 "Anima Sana in Corporate Sano"라는 라틴어의 약어로 "건강한 몸 안의 건강한 생각 (A Sound Mind in a Sound Body)"의 의미를 가지고 있다.

컬럼비아 스포츠웨어(Columbia Sportswear)

거트 보일 여사는 히틀러의 나치당이 독일을 점령하였을 때, 미국에 이민 오게 되었다. 컬럼비아 스포츠웨어(www.columbia.com)는 1938년 오리건주 포틀랜드를 가로지르는 컬럼비아강(Columbia River)에서 브랜드 명이 착안된 모자를 제작하는 컬럼비아 햇 컴퍼니(Columbia Hat Company)에서 시작하였다. 현재는 보일 여사의 아들인 팀 보일이 회사를 이끌고 있으며, 특히 "Tested Tough"라는 슬로건 아래 회사는 제품의 기능과 소재 등을 적극적으로 개발해 나가고 있다. 이 브랜드는 2018년부터 신발 사업에 투자를 늘리고 확장했으며 2019년 역대 최고 매출액을 달성하였다. 컬럼비아 스포츠웨어는 그 외에도 소렐(Sorel), 마운틴하드웨어(Mountain Hardwear), 프라나(prAna) 브랜드를 보유하고 있다.

휠라(Fila)

휠라(www.fila.com)는 1911년 이탈리아 비엘라에서 직물 제조업으로 시작되었으며, 이후 스포츠의류 사업을 전문적으로 하게 되었다. 휠라는 테니스 카테고리에서 두각을 나타내기 시작했고, 이후 농구 및 야구 등의 용품 사업에도 뛰어들었다. 2003년 경영난으로 미국의 캐피탈 회사에 매각된 후 2007년 휠라코리아가 인수하게 되면서 대한민국이 소유한 가장 큰 스포츠 브랜드가 되었다.

안타(Anta)

현재 스포츠용품 업계에서 주목해야 하는 브랜드를 꼽는다면 주저 없이 안타(www.anta.com)를 말할 수 있을 것이다. 이 브랜드는 1994년 딩 시중이 푸젠성 남부의 샤먼에 설립하였고, 특이점은 제조공장에서 시작되었다는 점이다. 안타는 이러한 배경을 바탕으로 중국 내에서 휠라, 데상트, 코오롱 스포츠 등에 대한 브랜드 권리를 획득함으로써 브랜드 포트폴리오를 더욱 더 다양하게 구성하였다. 특히 2019년 아머스포츠를 성공적으로 매입함으로써 업계의 큰손으로 자리 잡았다.

리닝(Li-Ning)

리닝 브랜드(www.lining.com)는 1984년 LA 하계 올림픽에서 6개의 메달(금메달 3, 은메달 2, 동메달 1)을 목에 건 체조 선수 리닝이 본인의 이름을 따서 설립한 중국의 스포츠 브랜드이다. 본사는 베이징에 있으며, 특히 2008년 베이징 올림픽 개막식에서 성화 최종 주자로 잘 알려진 사람이기도 하다. 리닝 브랜드는 미국의 농구스타 드웨인 웨이드와의 파트너십으로 "Way of Wade (WoW)"라는 브랜드를 함께 설립하였다.

노스페이스(The North Face)

노스페이스(www.thenorthface.com)는 1966년 샌프란시스코에서 톰 킨스 부부가 개설한 등산용품 매장이 그 시작이다. 이후 2000년에 VF Corporation에 매각되었고, 아웃도어 의류 및 신발 등을 주 카테고리로 하고 있다. 노스페이스 브랜드는 전 세계 아웃도어 시장에서 매출 1위 를 꾸준히 지키고 있으며, 2014년부터 화이트 라벨(white label)이라는 라이프 스타일 컬렉션을 시장에 내놓기도 하였다.

파타고니아(Patagonia)

최근 전 세계 젊은 층 고객들로부터 큰 사랑을 받는 브랜드이다. 파 타고니아(www.patagonia.com)는 그 로고에서 볼 수 있듯이 아르헨티나 와 칠레에 걸쳐진 지리적 명칭에서 파생되었다. 파타고니아 브랜드는 캘리포니아주 벤투라에 본사를 두고 있고 클라이밍과 서핑을 좋아하는 이본 쉬나드가 1973년에 설립하였다. 파타고니아가 소비자들로부터 지 지를 받게 된 이유는 제품 자체도 우수하지만 브랜드가 지속적으로 환경 을 보호하고 존중하자는 가치를 최우선으로 하기 때문이라고 생각한다.

미즈노(Mizuno)

리하치, 리조 미즈노 형제가 1906년 오사카에 미즈노 브라더스 회사 를 설립한 것이 그 시작이다. 미즈노 브랜드(www.mizuno.co.jp)는 야구 공, 글러브 및 골프 클럽으로 주목받았다. 현재는 그 외에 축구, 수영, 배구 등의 제품도 다루고 있다.

기타

앞서 설명한 브랜드 외에 한국의 블랙야크(Black Yak, www.blackyak. co.kr)가 매년 독일 뮌헨에서 개최되는 아웃도어 엑스포인 ISPO에서 다관왕을 수상하며 한국 아웃도어의 자부심으로 성장하였고, 일본의 데상트(Descente, www.descente.co.kr) 역시 한국 내 젊은 청소년들 사이에서 사랑받았다. 그 외 중국에서는 361°(www.361sport.com), 피크(PEAK, www.peakperformance.com), 엑스스텝(Xtep, www.xtep.com.cn) 등의 브랜드가 꾸준히 성장하고 있다.

스포츠 브랜드 요약표

브랜드명	설립연도	설립자	설립국가	주요 카테고리
아디다스	1948	아돌프 다슬러	독일	농구, 러닝, 축구
리복	1958	조 & 제프 포스터	영국	트레이닝
나이키	1972	필 나이트 & 빌 바우먼	미국	농구, 러닝, 축구
조던	1988	필 나이트 & 빌 바우먼	미국	농구
컨버스	1908	마퀴스 밀스	미국	캐주얼
언더아머	1996	케빈 프랑크	미국	트레이닝, 미식축구
뉴발란스	1906	윌리엄 라일리	미국	러닝, 야구
푸마	1948	루돌프 다슬러	독일	트레이닝, 러닝
루루레몬	1998	칩 윌슨	캐나다	요가, 트레이닝
아머스포츠	1950	아머-투파카 담배제조회사	핀란드	아웃도어
아식스	1949	기하치로 오니츠카	일본	러닝, 야구
컬럼비아	1938	거트 보일	미국	아웃도어
휠라	1911	잔세베로 휠라	이탈리아	캐주얼
안타	1994	딩 시중	중국	농구, 러닝, 트레이닝
리닝	1989	리 닝	중국	농구, 러닝, 트레이닝
노스페이스	1966	더글라스 & 수지 톰킨스	미국	아웃도어
파타고니아	1973	이본 취나드	미국	아웃도어
미즈노	1906	리하치 & 리조 미즈노	일본	러닝, 야구, 축구
윌슨	1926	토마스 윌슨	미국	테니스, 야구
롤링스	1887	조지 & 알프레드 롤링스	미국	야구
블랙야크	1973	강태선	한국	아웃도어
아크테릭스	1989	데이브 레인	캐나다	아웃도어
데상트	1935	타케오 이시모토	일본	러닝, 야구, 스키
브룩스	1914	존 브룩스 골든버그	미국	러닝
스케쳐스	1992	로버트 그린버그	미국	캐주얼
온	2010	올리비에르 번하드 & 데이비드 알레망 & 캐스퍼 코페티	스위스	러닝

* 주요 카테고리 항목은 저자의 사견이 반영되었다.

2
스포츠용품 산업의
특징

스포츠는 서로 모르는 사람들을 하나의 주제로 연결하는 커다란 매력이 있다. 올림픽이나 월드컵과 같이 큰 규모의 대회는 전 세계인을 하나의 시선으로 집중하게 만든다. 이 때문에 스포츠를 만국의 언어라고 부르기도 한다. 그렇다면 스포츠 활동을 하는 데 사용되는 의류나 신발 등과 같은 용품 업계는 어떠한가? 이 역시 스포츠와 동일하다.

사람들은 흔히 스포츠 업계와 스포츠용품 업계를 혼동하여 사용하곤 한다. 엄밀히 따지면 서로 다르다. 스포츠 업계는 리그와 구단, 선수와 팬 등의 관계로부터 시작하는 반면, 스포츠용품 업계는 스포츠 활동을 하는 데 필요한 신발, 의류 및 액세서리 등을 기획, 생산, 판매하는 기업이며, 소비자로 하여금 자신의 브랜드 제품을 선택하도록 마케팅 전략을 수립하고 판매함으로써 수익을 극대화한다. 나이키가 마이클 조던

이나 르브론 제임스 등과 같은 스포츠 영웅들에게 엄청난 부를 제공하면서 후원 계약을 체결하는 이유는 그들을 통해 자사의 제품을 홍보하고 그로 인해 많은 사람들의 소비로 이어지도록 하는 파워가 있기 때문이다. 앞으로는 스포츠 브랜드에 대해 논할 경우, 스포츠 업계와 스포츠 브랜드로 통칭하는 스포츠용품 업계를 구분하여 사용하길 바란다. 그러면 이 업계의 대표적인 세 가지 특징에 대해 살펴보기로 한다.

글로벌(Globalism)

스포츠용품 업계가 가진 첫 번째 특징은 한 나라에만 국한되지 않고 전 세계를 수익 창출을 위한 시장으로 하고 있다는 것이다. 일부 중국과 같이 내수 시장만을 대상으로 하는 스포츠 브랜드도 예외적으로 있기는 하지만, 일반적으로 회사의 규모가 커질수록 로컬(local) 시장에서 지역(regional)을 거쳐 글로벌(global) 시장으로 진출해 나가고 있다. 나이키의 공동 창립자 중 한명인 필 나이트는 나이키가 1972년 설립되기 전 블루리본스포츠라는 회사를 만들어 일본의 아식스 신발을 유통 판매하였고, 이를 바탕으로 나이키를 전 세계 많은 사람들이 열광하는 스포츠 브랜드로 발전시켰다. 최근에는 새로운 제품의 출시가 확정되면 대부분의 나라에서 동일한 날짜에 그 제품에 대한 마케팅을 시작하고 판매를 개시한다. 즉, 스포츠 브랜드는 글로벌 시장과 소비자를 대상으로 하고 있다.

지속가능성(Sustainability)

많은 사람들은 스포츠용품 업계를 바라볼 때 그 역동성과 긍정적인 이미지에만 초점을 맞춘다. 그러나 혹자는 석유화학 산업에 이어 세상에서 두 번째로 더러운 산업(second dirtiest industry)이라고 혹평하기도 한다. 이러한 비난과 혹평의 이유는 과연 무엇일까? 우리가 입고 있는 티셔츠 한 장을 염색하기 위해 어마어마한 양의 물이 사용되고, 세탁을 하면서 떨어져 나오는 미세입자 크기의 찌꺼기가 하수관을 통해 바다로 흘러 들어가 해양 생태계를 오염시키는 등 환경 파괴의 역기능을 지적하는 의미일 것이다. 따라서 스포츠용품 산업의 지속적인 발전을 위해서는 이제 환경 생태계 보존에 관심을 기울여야 한다고 생각한다. 이런 가운데, 최근 환경 생태계를 건강하게 되돌리려는 움직임이 스포츠용품 업계 전반에 걸쳐 일어나고 있다. 그 대표적인 예로 아디다스가 "Parley for the Oceans"라는 NGO 단체와의 파트너십을 통해 바다에 있는 플라스틱을 채취하여 옷과 신발 등의 소재로 사용하고 있는 것을 들 수 있다. 이처럼 현재 업계 차원에서 환경 생태계 보존을 위한 커다란 변화가 일어나고 있다.

기술혁신(Innovation)

스포츠용품 업계의 대표적인 특징 중 회사의 존립 여부와 가장 커다란 관계가 있는 것은 바로 기술 혁신이다. 우리는 매장에 새로 들어온 제품이 얼마 지나지 않아 아웃렛 매장으로 옮겨지는 것을 보기도 한다.

사회가 빠르게 변화해가는 과정에서 소비자들은 제품의 새로운 디자인이나 기능 등을 지속적으로 추구하고 있기 때문이다. 이러한 소비자 요구 변화에 맞추어 끊임없이 새로운 기술을 개발해야만 브랜드가 정체되지 않고 지속적인 성장 동력을 마련할 수 있다. 만일 아디다스가 부스트(boost)라는 미드솔 기술을 도입하지 않았다면 그 수익의 차이는 어떠했을까? 컬럼비아 스포츠웨어가 자랑하는 옴니히트(omni-heat) 기술이 없었다면 과연 지금의 성장이 있었을까? 인류가 환경에 순응하여 진화해 온 것처럼 이 업계도 소비자의 성향과 패턴에 맞춰 신기술을 개발하고 새로운 디자인의 도입을 통해 끊임없이 변화해 나가고 있다.

3

스포츠용품
카테고리 분류

스포츠 브랜드에서 제품의 카테고리를 나눌 때는 농구, 야구, 축구, 테니스 등과 같이 해당 브랜드가 취급하는 스포츠 종목이나 활동을 기준으로 분류하거나 의류(apparel), 신발(footwear), 액세서리(accessory), 용품(equipment) 등의 제품군으로 분류하기도 한다.

여러 종류의 스포츠 종목 사업을 운영하는 애슬레틱 브랜드의 경우는 전자의 방식으로 카테고리를 분류하는데 이러한 접근은 제품 사용의 목적을 명확히 하여 소비자가 제품을 쉽게 선택할 수 있도록 하는 장점이 있다. 그러나 특정 종목 아래로 구성됨에 따라 다른 종목에도 사용할 수 있음에도 불구하고 소비자에게 그 사용 목적에 대한 편견을 주는 단점이 있다.

반면, 아웃도어 브랜드의 경우는 대개 후자의 방식을 선호하는 것으로 보인다. 아웃도어 활동도 하이킹, 캠핑, 낚시, 서핑, 클라이밍 등으로 세분화될 수 있으나 각 활동을 하면서 제품 사용 목적의 제약이 덜하기 때문이다. 예를 들면, 의류 중 재킷 경우 패딩, 다운, 파카, 레인 재킷, 플리스 재킷 등으로 구분하는 것이다. 이러한 분류 기준은 활동 영역에 대한 편견을 줄이고 제품의 기능(예: 방수, 보온)에 초점을 맞출 수 있는 이점이 있다.

그런데 스포츠 브랜드 시장은 이미 상당수의 매머드적인 브랜드가 시장을 장악하고 있기 때문에 새롭게 시작하는 스타트업의 경우는 자신의 제품이 다른 회사들의 카테고리와 차별화될 수 있는 제품을 기획하는 등의 전략을 수립할 필요가 있다.

4

스포츠용품 업계의
유통 채널

스포츠용품 업계는 생산된 제품을 어디에서 판매할 것인지에 대해 전략적으로 접근해야 할 필요가 있다. 채널의 구분은 유통 형태, 운영 형태, 관리 형태에 따라 구분이 달라진다.

DTC (Direct to Consumer)

브랜드의 관점으로 유통의 관리 측면에서 DTC와 홀세일로 구분된다. DTC는 Direct To Consumer의 약자로 "소비자를 직접 상대한다."라는 의미이다. DTC 중에 오프라인 매장 형태의 B&M(Brick-and-mortar), 매장이 백화점에 입점했다면 SIS(Shop-in-shop) 및 아웃렛(Outlet) 등으로 나누어진다. 그중 운영 형태에 따라 브랜드 또는 회사가 직접 운영하는 매장이면 브랜드 직영점이라고 칭하고, 브랜드 사용권을 취득하여 판매점을 운영하는 프랜차이즈 매장이 있을 수 있다. 유통의 운영 관점에서의 구분은 회사에서 직접 운영하는 브랜드 직영 매장과 제품을 판매하는 점주 또는 점장을 고용하여 판매하는 프랜차이즈 형태가 있다. 브랜드 직영 채널의 경우, 시즌별로 매장 내 광고나 주요 제품을 브랜드가 계획하는 방향으로 구성할 수 있는 장점이 있다.

브랜드가 직영으로 운영하는 DTC 매장의 경우, 브랜드 메시지를 가장 효과적으로 전달하고 소비자에게 해당 시즌의 핵심 제품을 소개하는 데 매우 유리하다.

프랜차이즈 (Franchise)

이는 매장의 소유자를 기준으로 하는 개념이다. 즉, 프랜차이즈는 브랜드가 직접적으로 운영하기보다 브랜드와 거래 계약을 체결하여 제품을 구매 또는 위탁 판매하여 개인이 관리 운영하는 채널이다.

이커머스 (eCommerce)

일반적으로 브랜드의 온라인 몰을 말한다. 이는 인터넷과 모바일의 발달로 생겨난 유통 채널로써 소비자가 시간 및 공간에 대한 제약 없이 제품을 구매할 수 있다는 장점이 있다. 소비자들은 제품에 대한 정보뿐만 아니라 브랜드의 광고 이미지나 영상을 쉽게 접할 수 있어 최근의 유통 구조상에서 가장 주목받고 있다. 이커머스 역시 DTC의 일부 채널에 속한다.

홀세일 (Wholesale)

브랜드가 직접 운영하는 DTC 채널과 달리 홀세일 채널은 기업 간에 거래 관계가 형성되는 B2B(Business-to-Business) 구조를 말한다. 홀세일의 장점은 기업 간 거래이기 때문에 B&M 형태의 소규모 거래 방식보다는 대규모로 계약이 이루어진다. 또한 이미 대규모 유통망을 갖추고 있는 홀세일러의 매장을 이용하는 것이기 때문에 브랜드 입장에서는 추가로 필요로 하는 매장 개설 투자 비용을 아낄 수 있다. 관리적인 관점에서 해당 고객만 관리하기 때문에 매장을 일일이 관리해야 하는 노고도 줄어든다. 아울러, 대부분 완사입(cash on delivery without goods return) 거래이기 때문에 브랜드에서는 재고 부담이 없다. 단점은 홀세일러의 재무구조가 부실해질 경우, 브랜드도 함께 위기에 봉착할 수 있고, 고객과의 관계 악화 시 브랜드의 명성이나 인식에 악영향을 받을 수 있다. 반품 없는 조건 거래 시 재고 부담은 덜지만 홀세일러 매장 내에서 판매율이 저조할수록 홀세일러가 조기에 시즌을 정리할 수 있고 염가로 판매 처리하여 브랜드의 이미지 관리에 어려움이 따를 수 있다. 따라서 최근에는 브랜드마다 DTC 방식의 유통망을 강화하려는 추세이다.

스페셜티 (Specialty)

소위 전문 매장으로 불리는 스페셜티 채널은 특정 카테고리 상품만 판매하는 유통망이다. 즉, 소비자에게 인기 브랜드를 입점시키거나 그 브랜드의 상품을 구매해서 판매하는 매장 형태로서 미국이나 유럽에서 더욱 쉽게 찾아볼 수 있다. 대표적으로 하이킹, 캠핑, 클라이밍 등 아웃도어 제품이 중심이 되는 REI와 운동복 및 용품 전문 매장인 DSG (Dick's Sporting Goods) 등이 있다.

부티크 (Boutique)

일반적으로 부티크라 하면, 특정 디자이너가 운영하는 편집숍 개념의 매장 형태를 말한다. 다양한 브랜드의 특정 제품만을 선택하여 판매하거나 콜라보 제품을 출시하기도 한다. 대표적으로 아트모스(Atmos), 빔스(Beams), 컨셉트(Concept) 등이 여기에 속한다.

대량판매상 (Mass Merchant)

동일한 제품을 브랜드로부터 대량 매입하여 판매하는 채널을 말한다. 대표적인 예로 코스트코(Costco) 또는 이마트(E-mart) 등이 있다.

스포츠 브랜드의 메카,
포틀랜드

포틀랜드 전경

나는 포틀랜드라는 도시에 살고 있다. 사람들 중에는 이 도시가 어디에 있는지, 그 이름도 들어보지 못한 사람들도 있을 것이다. 캘리포니아주 위에 있는 오리건주에서도 북서부 끝에 붙어 있

다. 여기는 차로 3시간 정도 떨어진 시애틀과 마찬가지로 핼로윈이 지나면서부터 다음 해 봄까지 비가 계속 내려 비의 도시(Rain City)라는 닉네임을 가지고 있기도 하다. 그러나 최근 포틀랜드를 부르는 또 다른 닉네임이 있다. 바로 '스포츠랜드(sPortland)'이다. 포틀랜드가 스포츠랜드라고 불리는 까닭은 유명한 스포츠 팀(NBA Trail Blazers와 MLS Timbers가 포틀랜드를 연고로 하고 있다) 때문에 붙여진 별명이라기보다 이 도시 및 근교에 수많은 스포츠 및 아웃도어 브랜드의 본사 및 지

사가 자리잡고 있기 때문일 것이다. 대표적으로 1972년 필 나이트와 빌 바우먼이 공동 창립한 나이키 글로벌 본사가 포틀랜드 시내에서 멀지 않은 비버튼(Beaverton)에 위치하고 있으며, 여기서 몇 블록 떨어져 있는 곳에 고 거트 보일 여사께서 94세까지 매일마다 출근하셨던 컬럼비아 스포츠웨어 글로벌 본사가 있다. 아울러 포틀랜드를 가로 지르는 윌라멧강(Willamette River) 북동 쪽으로 아디다스 미국 본사가 자리 잡고 있다. 그 외에 언더아머, 소렐(Sorel), 킨(Keen), 다카인(Dakine), 올루카이(OluKai), 보그스(Bogs), 닥터마틴(Dr. Martens) 등의 사무실이 포틀랜드 도심 및 근교에 위치하고 있다. 이 외에도 최근 오리건주 중부에 위치한 벤드(Bend)라는 도시에서는 매년 많은 스포츠 및 아웃도어 브랜드(대표적으로 하이드로 플라스크(Hydro Flask) 및 룹트웍스(Looptworks))가 생겨남과 동시에 성장하고 있다. 이로 인해 포틀랜드에는 스포츠 브랜드에 몸담고 싶어하는 인재들이 몰리고 있다. 특히 무엇보다 재미있는 사실은 너무나 많은 스포츠 브랜드가 같은 도시에 있기 때문에 인재 영입에 있어서 그 경쟁도 치열할 뿐만 아니라, 한두 사람 건너면 알 수 있는 매우 좁은 인적 네트워크 구조를 가지고 있다는 것이다. 800여 개가 넘는 스포츠 및 아웃도어 브랜드가 오리건주에 자리 잡고 있기 때문에 스포츠 브랜드에 몸담고 싶은 사람이라면 한번쯤은 꼭 방문하는 것을 추천한다.

현직자가 말하는
진짜 스포츠 브랜드 직무

SPORTS BRAND   CAREER ROADMAP

"꿈과 현실 사이의 간격을 좁히는 것이 실행이다"

- 케빈 캐롤

1

나에게 꼭 맞는
직무 살펴보기

이전 아디다스 코리아에 다닐 때 업계 선후배들의 요청으로 가끔 대학이나 동아리에서 스포츠 브랜드에서의 경험을 나눈 적이 있다. 그때마다 "저는 나이키에서 일하고 싶어요.", "저는 스포츠 마케팅을 하고 싶습니다."라고 말하며 준비 방법에 대해 조언을 해달라는 이야기를 많이 들었다. 하지만 이는 너무나 뜬구름 잡는 식의 질문이다. 물론 "거기서 어떤 일을 하고 싶은데?"라고 되물어 보았지만 제대로 답을 하는 친구들은 거의 없었다.

일반적으로 스포츠용품을 기획해서 매장에 출시되기까지 약 18개월가량의 기간이 소요된다. 이 기간에는 직무 간 협업이 빈번히 이뤄지기 때문에 스포츠 브랜드에 어떤 직무가 있고 어떤 일을 하고 있는지 등의 이해가 필요하다. 스포츠 브랜드 역시 타 업계와 유사하거나 동일한 직무도 있지만 이번 장에서는 타 업계와 차별화되는 스포츠용품 업계의 직무를 중심으로 주요 업무와 직무역량을 소개하고자 한다. 또한 현재 업무를 담당하고 있는 사람들과의 인터뷰를 통해 직무에 대한 이해를 높이고 적성에 맞는 커리어를 계획하는 데 도움이 되고자 한다.

Consumer Insight(소비자 연구)

제품 기획 및 개발 단계는 소비자 연구(consumer insight)로부터 시작된다. 이 직무는 신제품 개발을 위해 누구에게 판매할 것인지, 타깃으로 하는 소비자들의 심리, 행동, 라이프 스타일 등을 종합적으로 분석한다. 소비자의 수요 분석 없는 상품의 공급 기획은 성공할 수 없기 때문이다. 설문지를 통해 정보를 얻는 양적 연구와 함께 1:1 또는 그룹 인터뷰(focus-group interview)를 통한 질적 연구의 방법이 사용되기도 한다.

주요업무

- 소비자 트렌드 리서치
- 설문지 작성 및 결과 분석
- 소비자 그룹에 대한 인터뷰 진행 후 리포트 작성
- 소비자 연구를 통해 획득한 정보를 PLM에게 제공

- 소비자 구매 심리 전반에 관한 이해
- 리포트 분석 및 작성 능력
- 프레젠테이션 기술

Product Line Management(PLM)

PLM은 해당 시즌에 출시하는 제품이 누구를 대상으로 하는지, 어떠한 목적과 기능이 있는지, 제품의 판매가격 등을 정하고 최종적으로 제품 기획안(product brief)을 작성하는 등 기획 업무 전반을 담당한다. 업무 구조 및 관계상 오케스트라의 지휘자와 같은 존재이다. 개발자 및 디자이너와 계속해서 제품 개발에 대한 논의를 진행한다. 아울러 머천다이징, 영업 부서의 피드백을 통해 미래의 제품 라인을 구성하기도 한다. 업무상 PLM은 제품에 대해 누구보다 전체적인 관점에서 다양한 정보를 알고 있어야 한다.

주요업무

- 시장 및 경쟁사 분석을 통한 상품 라인 개발
- 개발자 및 디자이너에게 구체적인 상품 개발 가이드라인 제공
- 상품 디자인 및 색상 방향 설정
- 상품 판매가격 제시

- 상품의 손익 및 마진 관리 책임에 따른 생산원가 관리
- 영업부서 및 고객의 상품 피드백 취합 및 분석

- 시장 트렌드에 관한 기본 지식
- 프레젠테이션 기술
- 소비자, 소재, 색상, 제조원가, 관세 등 상품 관련 요소에 대한 지식 전반

Development(개발)

개발자는 PLM이 제안하고 디자이너가 그린 제품의 디자인을 실제 착용이 가능한 제품으로 제작하는 역할을 한다. 개발자는 제품 원형(prototype, 신발에서는 pullover라는 표현을 사용하기도 함) 및 샘플을 제작하기 위한 원부자재 리스트(Bill of Material: BOM)를 포함한 작업지시서(tech pack)를 작성하여 제조공장 측과 직접적으로 소통하는 등 제품 개발 일정을 포함한 모든 개발 과정을 책임진다. 디자이너가 제안하는 제품에 적용되는 원자재나 제조원가(Cost of Goods Sold: COGS)에 대해 소재팀 및 코스팅 팀과도 긴밀히 협업이 이루어진다.

- 주문지시서 작성 및 관리
- 소재 및 제조공장과 커뮤니케이션을 통한 생산 스케줄 관리
- 상품 원형 및 샘플에 대한 최종 판단 결정 및 관리

직무역량

- 소재 및 비용에 대한 지식
- 스케줄 관리 능력

Design(디자인)

화가는 자신이 바라보는 세상적 가치를 붓과 물감으로 하얀 캔버스에 표현한다. 제품 디자이너 역시 본인이 관찰하고 떠오르는 영감을 통해 제품을 디자인한다. 제품 디자이너와 화가의 다른 점이 있다면, 화가는 본인 스스로가 주제에 대해 표현한다. 이에 반해 디자이너는 PLM과 협업을 통해 주제를 실현한다. 즉, PLM이 기획한 제품의 대상 소비자와 사용 목적 및 기능을 참조하여 디자인하게 되는 것이다.

주요업무

- 시즌별 제품 콘셉트 제작
- 디자인 시안(라인아트 작성)
- 소비자 연구에 따른 디자인 보드 작성

- CAD 기술(일러스트레이터, 포토샵 필수)
- 도식화(technical sketch) 작업 경험
- 디자인 트렌드에 대한 이해, 분석

Color(색상)

컬러리스트는 제품을 출시하는 시즌에 어떠한 색상이 트렌드를 이끌 것인지에 대한 연구를 한 후, 제품의 컬러 스토리를 개발하고 그에 맞는 색상을 팬톤(Pantone)에서 디자이너 및 PLM과 함께 최종적으로 결정하는 업무를 한다.

직무역량

- 라인 아트에 색 입히기
- 색상 사양(color specification) 정보 제공
- 색상 트렌드 분석

직무역량

- 색상에 대한 통찰력
- 소재에 대한 기본 지식

Materials(소재)

소재팀은 제품에 사용되는 각 원부자재에 대한 각각의 구성, 무게, 단가 등의 특성과 해당 소재를 제조하는 공장에 대한 정보를 파악하고, 제품 기획안에 따라 적절한 소재를 연구하여 개발자에게 제안한다. 이를 위해 수시로 원부자재 리스트를 업데이트한다.

주요업무

- 소재 스와치 북(swatch book) 제작
- 디자이너, 컬러리스트 등과 협업하여 상품에 적용되는 소재 개발
- 브랜드 컬러 기준에 따른 적합성 판단 결정
- 소재 라이브러리 관리 운영

직무역량

- 소재별 특성에 대한 지식
- 소재 시험 보고서 해석 능력
- 소재 개발 파트너사 등과 업무 경험

Costing(코스팅)

제품을 개발하는 단계에서 관세, 운송비 등에 대한 소요 비용을 검토하고, 제품 기획안에서 목표로 하는 제품의 판매가격과 제조원가를 달성하기 위해 제조공장 측과 협의하는 업무를 담당한다.

- 원가계산서(costing sheet) 작성
- 소재 및 제조공장 측과 금액에 대한 협상 진행
- 상품 가격에 대한 최종 결정에 따른 주문 실행

- 상품 제조 과정 및 비용 업무 지식
- 엑셀 능력
- 협상 능력

Merchandising(머천다이징)

시장에서 나타나는 트렌드를 분석하고 지난 시즌의 매출, 재고 데이터 등을 분석하여 미래 시즌에 대한 제품의 판매량을 예측(forecast)한다. 이를 통해 제품의 론칭 시점과 유통 채널(channel distribution) 구조를 정하는 업무를 담당한다. 아울러 마진 관리를 통해 목표로 하는 수익 달성에 집중한다. 경쟁사 및 시장에 대한 분석을 포함하여 마케팅 부서와 협업을 통해 제품의 홍보 시점과 수단을 정하고, 영업 담당자에게 제품 교육을 담당하기도 한다.

- 채널별 취급상품(product assortment) 라인 구성

- 시장 트렌드 분석을 통한 상품 전략 수립
- 상품 수요 예측 및 판매량(sell-thru) 관리
- 상품기획 및 영업 부서의 업무 창구로서의 역할
- 마케팅 부서와 GTM 전략 수립
- 샘플 주문 및 상품 배송 일정 관리

직무역량

- 상품의 흐름 및 배송에 관한 지식
- 엑셀 및 프레젠테이션 기술
- 다중작업 능력
- 리포트 분석 능력

Marketing(마케팅)

신제품 출시에 따른 제품 홍보 방식 및 일정을 기획하여 실행하는 업무를 한다. 세부적으로 마케팅은 브랜드 마케팅, 리테일 마케팅, PR/ 이벤트 마케팅, 스포츠 마케팅 등으로 나누기도 한다. 브랜드 마케팅이 란 브랜드 인지도 및 선호도를 관리하면서 소비자들과의 소통에 집중 하는 직무이다. 시즌별 브랜드와 상품 콘셉트에 맞는 소통 전략을 수립 하고, 관리 홍보, 이벤트(또는 체험) 마케팅을 진행할 뿐만 아니라 셀럽 과 인플루언서도 관리한다. 리테일 마케팅은 비주얼 머천다이징(visual merchandising)과 인테리어 개발(interior development)로 크게 구분되며

매장 내(in-store)에서 소비자들과 소통에 집중하고 상품 및 브랜드 메시지를 효과적으로 전달하여 구매 전환율(conversion rate)을 올리기 위한 툴을 개발하고 전략을 세운다. 그 외에 스포츠 마케팅은 선수 및 선수단 관리, 선수의 명성에 따라 브랜드 이미지가 직결되기 때문에 선수의 운동 역량 및 심리 치료 또는 사생활까지 커버하는 브랜드도 있다. 이처럼 마케팅의 범위는 광범위하기 때문에 전문 관리를 위해 외주(outsourcing) 전문 에이전시와 계약을 체결하기도 한다.

주요업무
- 제품, 이벤트 마케팅 일정 수립 및 시행
- 브랜드 홍보 전략 수립
- 머천다이징 및 영업 부서와 협업하여 매장 내 상품 구성 등 논의

직무역량
- 상품에 대한 지식
- 마케팅 업무 및 에이전시 경험

Sales(영업)

영업 부서는 브랜드의 고객(customer)을 관리하며 브랜드의 수익을 창출한다. 엄밀히 따지면 영업 부서도 마케팅과 마찬가지로 좀 더 세분화시킬 수 있다. 이는 홀세일, 리테일, 이커머스로 나누며, 홀세일 부서

내부적으로도 규모 거래가 큰 기업체 고객을 담당하는 키 어카운트 세일즈 팀이 별도로 존재하기도 한다. 최근에는 고객의 매출 신장 관리를 위해 주문에 필요한 상품, 소비자, 시장 등 다각도의 분석과 함께 고객의 재무 상태 관리도 요구된다.

주요업무
- 고객에 대한 관리 전반
- 세일즈 미팅을 통해 고객이 주문한 상품의 품목, 수량 등에 대한 관리
- 고객의 요구사항 등을 종합하여 상품 개발팀에 제공

직무역량
- 고객 관리 기술
- 상품과 시장에 대한 이해
- 고객에 대한 재무 컨설팅
- 협상 및 문제 해결 능력

Innovation(기술개발)

제품의 기능을 보완하고 새로운 기술을 개발하는 직무이다. 새로운 제품을 소비자에게 내놓는 방법에는 디자인 이외에도 제품에 적용되는 기술의 혁신이 있다. 예를 들면 나이키 '에어(air)'와 아디다스 '부스트

(boost)', 컬럼비아 스포츠웨어 '시프트(SH/FT)' 등이다. 이 기술의 공통점은 신발의 중창에 형태 또는 혼합 구조의 개발을 통해 착용 시 소비자에게 발의 편안함을 제공하는 것이다.

- 신기술 개발 및 그에 따른 연구
- 기술의 테스트 결과 분석

- 데이터 분석 능력
- 끊임없는 지적 호기심

Quality Control(품질 관리)

제품 개발 과정에서 해당 제품이 정부 기관 및 브랜드에서 정한 기준을 충족하는지 확인하는 등 품질 관리 의무를 맡는다. 또한, 상품에 대하여 내구성 등의 문제가 발생하면 이를 분석하여 향후 조치(예: 리콜)를 결정하는 업무를 담당한다.

- 상품에 문제 발생 시 개발팀과 협업하여 문제 해결 조치

- 상품에 대한 고객의 질적 기준을 지속적으로 검토 및 관리
- 상품의 원형, 핏(fit), 생산 과정에 대한 분석

직무역량

- 제품 안전 기준에 대한 이해
- 빠른 업무 대처 능력
- 타 부서와의 업무 조율을 통한 문제 해결 능력

2

아디다스 PLM,
코너 웰렌

코너 웰렌

코너 웰렌은 메이
저리그 스프링캠프가 열리는 애리조
나주 피닉스에서 태어나 자연스럽게
야구를 접하게 되었다. 초등학교 1학
년 때 시작한 리틀 야구를 시작으로,
훗날 메이저리그 밀워키 브루어스
(Milwaukee Brewers) 산하 마이너리
그팀 및 호주 리그에서 투수로 활동
한 바 있다.

Q) 현재 아디다스에서 담당하는 일을 무엇인가요?

A) 저는 아디다스에서 야구화를 기획하는 PLM으로 일하고 있습니

다. 야구화라는 상품을 개발하는 모든 과정을 담당한다고 보면 됩니다. 야구화를 착용하는 소비자에 대한 조사를 시작으로, 제품의 콘셉트를 정하고 디자이너와 협업하여 제품에 대한 디자인을 확정합니다. 이를 토대로 개발자와도 꾸준한 협업으로 최종 샘플을 완성하게 됩니다. 즉 야구화 시장과 소비자를 대변하는 역할(Voice of Market and Consumer) 을 하는 것이죠.

Q) 어떤 계기로 스포츠 브랜드에서 일하게 되었나요?

A) 애리조나주에서 태어나 쭉 자랐어요. 애리조나주에는 미국 4대 스포츠인 NBA, NFL, MLB, NHL 팀들이 있어요. 특히 많은 메이저리그팀들과 해외 야구팀도 그곳에서 스프링캠프를 보내요. 이런 환경이라면 자연스레 스포츠를 즐기게 돼요. 저는 특히 야구를 좋아했어요. 결국 야구로 UC 산타바바라 대학교에 진학하게 됐어요. 또 저는 무엇을 만드는 미적인 것을 좋아했어요. 야구에 대한 열정과 함께 무엇인가를 제작하고 싶은 호기심이 저를 이 길로 들어서게 한 것 같아요.

Q) 아디다스에서 커리어는 어떻게 시작했나요?

A) 앞서 말한 것처럼 저는 어렸을 때부터 야구를 했어요. 비록 메이저리그 무대는 밟지 못했지만 야구 경기를 할 때만큼은 언제나 행복했어요. 그런데 어느 순간 더 이상 선수로서 성공하는 것이 쉽지 않겠다는 생각이 들었어요. 그래서 친구가 운영하는 물류 창고에서 일을 시작했

어요. 그러던 중 아디다스에 일하던 친구가 제게 야구화 제품기획팀에서 6개월 계약직을 뽑는다고 하더라고요. 그래서 친구에게 이력서를 주었고, 합격 이후 제 커리어가 시작됐어요.

Q) 대학에서 무엇을 전공했나요?

A) 저는 전공으로 경제학을 선택했고, 부전공을 스포츠 매니지먼트를 했어요. 원래는 디자인이나 아트를 공부하고 싶었는데 우리 학교는 그 전공이 없었어요.

Q) 대학에서의 전공이 현재 업무를 하는데 얼마나 도움이 되나요?

A) 사실 직접적인 관련은 없어요. 다만, 경제학을 공부하면서 숫자에 대한 이해와 감각을 키웠던 게 도움이 된 것 같아요. 제품을 기획하는 데 있어 제품의 마진과 제조단가 등 고려해야 할 내용이 많거든요.

Q) PLM으로 일하는데 무엇이 가장 어렵나요?

A) 제가 담당하는 업무는 저 혼자만이 할 수 있는 일은 아니에요. 먼저 야구화를 직접 신고 연습이나 경기에 출전하는 선수 또는 소비자에게 그들이 제품으로부터 얻고자 하는 이점이 무엇인지 알아야 해요. 예를 들어, 플레이 도중 도루를 많이 하는 선수를 위한 야구화를 제작한다고 했을 때, 중창이나 밑창이 무겁다면 도루 시 순간 속도를 내기가 어렵겠죠. 그래서 그런 선수들을 위해 가속을 높일 수 있도록 야구화를 가

볍게 만드는 거죠. 아울러 동료 디자인팀, 소재팀, 개발팀 및 머천다이징 및 영업팀 등 다양한 직무의 사람들과 일해야 하기 때문에 관계적인 측면에서 업무의 조율이 가장 어려운 것 같아요. 한 시즌에 야구화 하나만 제작하는 게 아니잖아요. 여러 프로젝트를 동시에 진행해야 한다는 점에서 동료들과의 관계가 무척 중요합니다.

Q) 가장 기억에 남는 프로젝트는 무엇인가요?

A) 제가 아디다스에서 처음으로 혼자 맡았던 프로젝트가 가장 기억에 남아요. 'Routine Baseball'이라는 라이프 스타일 브랜드와 콜라보레이션으로 트레이닝 신발을 기획하게 되었어요. 사실 제 직속 상사를 포함해서 다른 동료들도 잘 알지 못하는 브랜드와 프로젝트를 진행하는 것에 대해 반대하기도 했어요. 당시 마이너리그 선수들과 버스로 이동하면서 많은 이야기도 나누고, 이를 바탕으로 프로젝트를 결국 진행하게 됐어요. 당시 그 제품은 완판되었고, 완전히 성공이었어요. 남들은 아니라고 했지만 저의 판단이 나쁘진 않았다고 생각합니다

Q) PLM에게 반드시 필요한 역량은 무엇이라고 생각하나요?

A) 재차 강조하지만 프로젝트를 성공적으로 이끌기 위해서는 다양한 직무의 사람들의 의견을 경청하고 조율해 나가는 것이 중요해요. IQ보다 EQ인 거죠. 아울러, 업무 과정 전반에 대한 다양성과 모든 것을 두루 이해하는 제너럴리스트(generalist)가 되어야 한다고 생각해요. 물론

마켓의 트렌드가 어떻게 변화해 나가는지 분석력도 필요합니다.

Q) 마지막으로 PLM이 되고자 하는 사람들에게 조언한다면?

A) 저의 인생은 어렸을 때부터 현재까지도 야구와 관련된 일을 하고 있어요. 정말 복이 많은 거죠. 그렇지만 늘 본인이 원하는 일만 할 수는 없어요. 이전에 제가 모셨던 상사는 IT 담당자로 일하다가 지속적으로 회사 내부에서 사람들과 교제하면서 기회를 잡아 야구화를 제작하게 되었다고 했어요. 즉 무슨 일을 한다는 것보다 먼저 업계에 발을 딛는 것이 중요하다고 생각해요. 열정과 인내가 있다면 비록 조금 돌아서 가더라도 내가 가고자 하는 길을 걸을 수 있다는 믿음이 있어요. 브랜드에 일하는 다양한 사람들과 네트워킹 하면서 자신을 알려보세요. 곧 업계에서 만나게 될 것입니다.

3

나이키 신발 엔지니어,
이장규

이장규와 오리건 대학교 SPM 프로그램을 함께 졸업한 모든 동기들은 그를 진정한 스니커 헤드(sneaker head)로 인정한다. 그는 단순히 제품을 착용하는 것에 그치지 않고, 자신만의 노하우로 새로 염색을 하거나 이를 분리하여 또 다른 제품으로 탄생시키기도 한다.

이장규

그는 신발을 제작하는데 사용되는 대부분의 기기를 다루고 수리할 정도로 타고난 크리에이터이며, 현재는 나이키에서 신발 엔지니어로 근무하고 있다.

Q) 현재 담당하는 업무는 무엇인가요?

A) 아마 신발 엔지니어(Footwear Engineer)라는 직무는 생소하게 들리실 수 있어요. 쉽게 이야기하면 본사에서 개발한 신제품을 공장에서 본격적으로 대량 생산하기 전에 기술적인 부분을 총체적으로 관리하고 검토하는 업무를 하는 것입니다. 예를 들면 브랜드의 개발 과정 중 소재나 질적인 측면에서도 특별한 문제가 없는지 일일이 확인하기도 합니다. 이미 대량 생산이 완료된 제품에 하자가 확인되면 이를 되돌리기에는 앞서 투자한 물리적 또는 시간적인 손해가 막대하기 때문이죠. 이를 예방하기 위한 전반적인 개발업무라고 보시면 됩니다.

Q) 어떤 계기로 스포츠 브랜드에서 일하게 되었나요?

A) 저는 오리건 대학교의 스포츠제품 경영 석사 과정(SPM: Sports Product Management)에 입학하기 전에 한 명의 평범한 공대 출신 취업 준비생이었어요. 지금과 마찬가지로 저는 여러 사람과 함께하는 러닝을 즐겨 했었고, 운 좋게 나이키 런 클럽 서울(Nike Run Club Seoul) 론칭과 동시에 페이서(pacer)로 뽑히게 되면서 자연스럽게 브랜드에 가까워졌어요. 평소 신발에 관심이 많던 저는 SPM 프로그램을 알게 되면서 유학을 결심했습니다. 신발을 제작하는 과정을 통해 직접 만들어 보았고, 제 열정이 안내하는 대로 이렇게 스포츠 브랜드에서 일하게 되었습니다.

Q) 유학 생활은 어땠나요?

A) 누구나 그렇듯 처음부터 쉬운 것은 없었어요. 그래도 50여 명으로 구성된 소규모 프로그램에서 같은 한국인이었던 분(저자)이 있어서 서로 격려하면서 잘 이겨냈던 것 같아요. 한편 제가 기계공학을 전공해서 그런지 기기를 사용하는 것에 거부감이 없었어요. 그러면서 동기나 아래 기수 친구들에게 신발을 만드는 기술도 가르쳐주면서 매 학기 잘 해나갔던 것 같아요. 프로그램이 포틀랜드에 있어서 여러 브랜드의 사무실에 대한 접근성도 좋았고, 업계 사람들을 만나 회사나 직무에 대한 정보를 얻는데도 수월했어요. 그리고 결국 나이키 본사에서 인턴십도 하게 됐어요.

Q) 나이키 본사에서 인턴십은 어땠나요?

A) 대학원 과정 중 8주간의 여름방학 동안 하게 됐어요. 저는 신발 개발 부서(Footwear Development) 인턴으로 있었어요. 수업에서 이론으로 배운 내용이 실무적으로 어떻게 적용되는지에 대해 직접 보고 느낄 수 있어 값진 경험이었어요. 디자인 인턴과 함께 협업을 통한 제작 발표회도 나가는 등 좋은 기회를 얻기도 했어요. 무엇보다 네트워킹을 통한 다양한 사람들을 만나보며 그들의 생각과 삶의 배경을 이해할 수 있었고, 내가 정말 무엇을 잘하고 무엇에 열정이 있는지를 알아가는 데 많은 도움이 되었던 것 같아요. 또한 나이키만의 문화를 이해하는데 있어서 인턴십의 경험이 절대적으로 큰 역할을 했다고 생각해요.

Q) 신발 엔지니어에게 반드시 필요한 역량을 뭐라고 생각하나요?

A) 직접적인 스킬이라고 말하기는 어렵지만, 가장 중요한 건 신발에 대한 열정과 그와 관련된 모든 걸 받아들일 마음가짐이라고 말하고 싶어요. 이 업무는 단순히 신발의 완성된 겉모습만 좋아하는 사람이라면 적응하기 어려운 환경이에요. 그리고 무조건 영어 사용이 친숙하고 익숙해져야 해요. 업무 특성상 본사의 개발 부서 및 해외 공장 직원들과 수시로 의견을 공유해야 해요. 그래서 영어는 기본이에요.

Q) 업무 스트레스는 어떻게 해결하나요?

A) 당연히 러닝이죠. 하루를 달리기로 마무리하면 잠드는데도 많은 도움이 돼요. 또한 나와의 약속을 지킨 것 같아 기분도 좋고 피로 해소도 더 잘 되는 것 같아요. 러닝은 체력도 길러지고 정신적으로도 안정감을 줘서 일상생활에도 많은 도움이 되니 시작해보세요.

Q) 마지막으로 신발 엔지니어가 되고자 하는 사람들에게 조언한다면?

A) 특별한 능력이 필요한 것은 아닙니다. 다만, 열정과 끈기, 그리고 영어가 가장 중요하다고 생각해요. 아울러 생산 과정을 완벽히 이해할 수 있어야 하고, 짧은 시간 내에 정확한 판단을 내릴 수 있는 결단력도 필요합니다. 끝으로 무엇보다 언제나 적극적인 자세로 빠르게 성장하고 변화해 가는 시장을 이해하면 좋겠습니다.

4

컬럼비아 신발 디자이너,
찰스 테일러-러브

찰스 테일러-러브는 〈내셔널지오
그래픽〉 채널에서 동물의 움직임과
특징을 관찰하고 자연의 섭리를 탐구
하는 과정에서 디자인을 위한 영감을
얻는다. 최근에는 다양한 나라의 역
사와 민족에 대한 이야기를 공부하
면서 세상을 다른 시각에서 바라보는
또 다른 즐거움에 빠져있다.

찰스 테일러-러브

Q) 현재 컬럼비아 스포츠웨어에서 담당하는 일을 무엇인가요?

A) 저는 컬럼비아 브랜드 신발 디자이너입니다. 브랜드 내 특정 카
테고리에 한정되지 않고 아웃도어 스니커즈, 부츠, 워터 슈즈 등 여러

프로젝트의 디자인을 담당하고 있습니다. 다시 말해 미적인 영감과 제품의 기능을 어떻게 하면 활동적인 사람들과 연결(Connect active people to aesthetic inspiration and function)할지 고민하는 것이지요.

Q) 스포츠 브랜드에 발을 내딛게 된 특별한 계기가 있었나요?

A) 처음부터 이 업계에서 일해야겠다고 생각하지는 않았어요. 그냥 우연히 자연스럽게 된 것 같아요. 저는 대학에서 제품 디자인(Product Design)을 전공했는데, 수강했던 수업 중 환경을 훼손하지 않는 지속가능성(sustainability)을 주제로 한 세미나에 참석했어요. 그때부터 어떻게 하면 디자인과 환경이란 두 가지 요소를 하나로 묶을 수 있을지 고민하게 됐어요. 그리고 기회가 닿아 대학교 2학년 때 학내 재활용 관련 회사에서 인턴으로 일하게 됐어요. 그 경험으로 환경에 대한 지식과 그래픽 디자인을 실무적 관점에서 배우게 되었어요. 게다가 모교인 오리건 대학교 미식축구팀에서 일하면서 스포츠에 대한 열정과 관심이 배가 되었죠. 그러던 중 저도 4학년이 되면서 취업 준비를 하게 됐어요. 당시 캠퍼스 내에서 다양한 회사가 참가한 취업 설명회가 있었는데, 펜솔아카데미(Pensole Academy)의 인턴십 광고물이 눈에 띄었고 지원해서 결국 합격하게 됐어요.

Q) 펜솔아카데미에 대해 설명해주세요.

A) 펜솔아카데미는 나이키와 조던 브랜드의 디자인 디렉터로 있었

던 드웨인 에드워드가 창립한 신발 디자인 아카데미입니다. 여기서는 다양한 스포츠 및 아웃도어 브랜드와 콜라보레이션을 진행하면서 미래의 신발 디자이너를 양성하고 있어요. 포틀랜드 시내에 있어 각종 브랜드와 일하는 데 있어서 최고의 지리적 위치에 있는 거죠.

Q) 펜솔아카데미에서 진행한 프로젝트는 어땠나요?

A) 펜솔아카데미에서의 과정이 힘들긴 했지만 현재 신발 디자이너로 일하게 되는데 정말 값진 경험이었어요. 6주간 인턴십이 진행됐고 제 기억에 매일 18시간씩 일했던 것 같아요. 저는 킨(Keen)이라는 아웃도어 신발 브랜드와 환경을 파괴하지 않는 아웃도어 러닝화(Outdoor Sustainable Running Shoes) 프로젝트를 했어요. 디자이너가 영감을 얻는 과정에서부터 스케치, 디자인, 소재, 패턴 메이킹, 코스팅 및 실제 샘플 제작하는 모든 것들을 배웠어요. 그리고 제가 담당했던 브랜드에 제 아이디어를 최종적으로 제안하게 됩니다.

찰스 테일러-러브 프로젝트

Q) 컬럼비아 스포츠웨어의 디자이너는 어떻게 되었나요?

A) 펜솔아카데미의 인턴십을 마치고, 대학을 졸업하면서 컬럼비아 스포츠웨어에서 신발 이노베이션(Footwear Innovation)팀의 인턴으로 일했어요. 그리고 그 경험을 바탕으로 브랜드 디자인 디렉터와 인터뷰를 거쳐 지금의 자리에 오게 되었어요.

Q) 업무 중 가장 힘든 점은 무엇인가요?

A) 저는 매 프로젝트를 진행할 때마다 해당 제품의 마켓 상황과 주타깃 소비자의 생활 전반에 걸친 인터뷰를 진행하고 이를 분석하곤 합니다. 그리고 그를 위한 가장 적합한 디자인을 하게 되죠. 그런데 디자인된 제품을 제작하는데 드는 비용과 마진의 차이가 사업적 측면에서 적절하지 않으면 최종적으로 제품 생산으로 이어지기가 어렵습니다. 이 부분이 디자이너로서 가장 힘들지 않나 생각됩니다. 공들여 디자인한 제 노력이 물거품이 되는 순간이니까요.

Q) 가장 기억에 남는 프로젝트는 무엇인가요?

A) 디자이너라면 자신이 참여한 프로젝트는 모두 의미가 있을 것입니다. 그중에서도 굳이 하나를 뽑는다면 제 대학 졸업 작품이었던 장거리 장애물 레이스인 스파르탄 레이스(Spartan Race) 선수를 위한 러닝화 프로젝트입니다. 당시 레이스에 참가하는 선수의 움직임을 분석(motion analysis) 후 스케치 작업을 하고, 그에 맞는 소재를 고른 후 찰흙으로 중

창(midsole)과 밑창(outsole)을 직접 제작했습니다. 그리고 어퍼(upper) 부분을 만들어서 최종 샘플을 제작하였습니다. 제가 펜솔아카데미에서 배운 모든 지식과 기술을 적용했던 프로젝트라서 이것이 가장 기억에 남습니다.

Q) 디자이너에게 반드시 필요한 역량은 무엇이라고 생각하나요?

A) 매장에서 파란색 러닝화를 고르는 사람을 봤다면, '저 소비자는 왜 러닝화를 구매했을까? 건강을 위해 운동하려고? 편안한 착용감을 위해서? 왜 파란색인가?' 등 다양한 각도로 생각해 볼 줄 아는 호기심이 있어야 할 것 같습니다. 열린 상상력도 필요할 것입니다. 물론 기본적으로 일러스트레이터 프로그램은 당연히 다룰 줄 알아야지요.

Q) 마지막으로 디자이너가 되고자 하는 사람들에게 조언한다면?

A) 여러분이 할 수 있는 한 최대한 많이 읽고 연구하기 바랍니다. 또 본인의 디자인이나 프로젝트에 대해 타인으로부터 피드백 받는 것을 꺼리지 마세요. 그게 핵심입니다. 물론 모든 피드백이 다 긍정적이지만은 아닐 수도 있음을 기억하세요. 그리고 꿈꾸시기 바랍니다.

5

컨버스 머천다이저,
제이크 티드

제이크 티드

제이크 티드는 자신이 자란 보스턴이라는 도시에 대해 누구보다 자부심이 강하다. 특히 NFL 슈퍼볼 우승 반지를 6개나 가지고 있는 미식축구의 살아있는 전설 톰 브래디(Tom Brady)와 그의 전 소속 팀인 뉴잉글랜드 패트리어츠(New England Patriots)를 아내 다음으로 가장 사랑한다고 말한다. 그는 2018년부터 컨버스 브랜드의 글로벌 머천다이저로 근무하고 있다.

Q) 머천다이저로서 무슨 업무를 담당하고 있나요?

A) 저는 매 시즌 스니커즈 시장의 트렌드를 파악하고 이를 토대로 전 세계 공통으로 출시되는 컨버스 제품의 라인을 기획하는 업무를 하고 있습니다. 그 외에 제품 발매 후 발주 물량 대비 실제 판매량(sell-thru)을 지속 관리하기도 합니다.

Q) 어떤 계기로 스포츠 브랜드에서 일하게 되었나요?

A) 저는 원래 스포츠 브랜드와 전혀 관계없는 업계에서 커리어를 시작했습니다. 그런데 어느 날 일을 마치고 집에 돌아와 옷장을 열었는데, 나이키 티셔츠, 신발, 그리고 제가 사랑하는 미식축구팀 모자가 보이더라고요. 그때 깨달았어요. 제가 어디로 가야 하는지, 무엇이 나를 즐겁고 행복하게 해주는지 말이에요.

Q) 기존에는 무슨 일을 했나요?

A) 저는 렌터카 회사에서 고객을 상대하는 영업사원으로 4년간 일했어요. 당시 많은 사람들을 상대했던 경험이 현재 소비자와 시장을 이해하는 데 도움이 되는 것 같아요. 무슨 일을 하더라도 예전의 경험을 어떻게 활용하고 적용하는지가 매우 중요하다고 생각해요.

Q) 보스턴에 애정이 많다고 들었습니다.

A) 네, 제가 자라온 곳이자, 제가 사랑하는 스포츠로도 유명하기 때

문입니다. 혹시 미국에서 스포츠 브랜드의 허브라고 하면 어느 도시가 떠오르세요? 많은 사람들은 나이키나 아디다스가 있는 포틀랜드라고 말해요. 반면에 저는 보스턴이라고 생각합니다. 보스턴에는 푸마, 뉴발란스, 리복 등이 있어요. 그리고 제가 근무하는 컨버스도 있지요.

Q) 다양한 스포츠 브랜드 중 컨버스에서 근무하게 된 특별한 이유가 있나요?

A) 2017년 여름에 나이키에서 인턴으로 일했어요. 비록 나이키가 전 세계적으로 가장 영향력 있는 스포츠 브랜드이긴 하지만 다시 동부로 돌아오고 싶었어요. 일단 가족들이 모두 보스턴에 거주하고 있었기 때문이죠. 무엇보다 컨버스는 1908년에 설립된 브랜드입니다. 110여 년이 넘은 역사이고 척 테일러(Chuck Taylor)라는 프랜차이즈 모델도 있어요. 이 같은 브랜드에서 일할 수 있는 것은 큰 복이라고 생각해요. 아시겠지만 컨버스는 이제 나이키가 소유하고 있어요. 제가 좋아하는 브랜드에 속해 있다는 사실도 매력 있는 것 같아요.

Q) 글로벌 머천다이저로 일하는데 힘든 점은 무엇인가요?

A) 글로벌 시장에 대한 업무를 하기 위해서는 시장을 바라보는 시각을 넓혀야 해요. 사무실이 미국에 있다 보니 미국의 시각에서 시장과 트렌드를 접근하는 면이 있어요. 한국의 소비자는 어떤 색상과 스타일을 좋아하는지, 영국의 소비자는 어떤 소재와 디자인적 요소를 중시하는지

등, 제품이 한 지역에 국한되지 않고 전반적으로 좋은 성과를 낼 수 있도록 다양한 팀들과 협업해야 해요. 다양한 문화와 환경의 차이를 이해하는 것이 업무를 하는 데 필요한 능력이라고 생각해요.

Q) 머천다이저로서 반드시 필요한 역량은 무엇이라고 생각하나요?

A) 디테일한 것들을 잘 챙길 줄 알아야 해요. 다양한 정보를 취합하는 과정에서 우리의 사업적인 기회와 연결될 수 있는 것들이 있어요. 자칫하면 이를 잊어버리고 아무렇지 않게 넘길 수가 있어요. 그래서 세부적으로 하나하나 꼼꼼히 챙길 수 있어야 해요. 신제품이 나오면 출시 시점과 어떤 형태의 유통 채널에서 판매될 것인지 마케팅은 어떻게 서포트가 들어갈 것인지 두루 알아야 해요.

Q) 마지막으로 머천다이저가 되고자 하는 사람들에게 조언한다면?

A) 머천다이저는 좌뇌, 우뇌를 모두 잘 사용할 줄 알아야 해요. 매출이나 마진 등에 대한 숫자를 읽고 해석하는 것도 중요하고, 색상이나 새로 디자인된 제품이 얼마나 트렌드에 반영되는지에 대한 고민도 꾸준히 해야 하거든요. 해보지 않은 일에 대해 겁부터 먹지 않았으면 해요. 이제부터 시작하면 돼요. 그러면서 배우는 거에요. 부딪쳐 보세요. 그리고 가장 중요한 것은 네트워킹이에요. 업계 사람들을 만나면서 그 사람들은 무슨 일을 하는지, 어떻게 하는지 알아보고 자신의 모습을 대입해 보세요. 어느 날 당신처럼 되고 싶다는 누군가가 여러분을 찾아올 것입니다.

6

하이드로 플라스크 마케터,
로빈 비에이라

로빈 비에이라

로빈 비에이라는 계절에 따라 서핑, 트레일 러닝, 스키, 산악자전거를 타는 등 다채로운 아웃도어 활동을 즐기고 있다. 자연을 가장 친한 친구라고 여기는 그녀의 열정은 미국의 청소년이라면 반드시 하나쯤은 가지고 있어야 한다는 물병이란 닉네임으로 유명한 하이드로 플라스크(Hydro Flask)에서 마케팅 담당자로 근무하고 있다.

Q) 현재 하이드로 플라스크에서 하는 일에 대해 말해주세요?

A) 추운 날씨에 바깥 활동을 하면 얼굴과 손이 시리잖아요. 그럴 때면 따뜻한 커피가 생각나지 않으세요? 반대로 더운 여름에는 시원한 얼음물이 갈증을 사라지게 해주죠. 저는 아웃도어 기어 중 물병을 주 사업으로 하는 하이드로 플라스크의 마케팅 담당자로 일하고 있습니다. 마케팅 부서 내에는 디지털 마케팅, PR, 홍보마케팅 등이 있으나 저는 그 중에서도 아웃도어 선수나 브랜드 홍보대사와 함께 마케팅을 진행하는 커뮤니티 마케팅을 담당하고 있습니다.

Q) 어떤 계기로 아웃도어 브랜드에서 일하게 되었나요?

A) 저는 아웃도어나 스포츠 활동에 대한 열정이 많았어요. 아웃도어 활동을 즐기는 만큼 자연도 함께 보호해야 한다는 생각을 늘 했어요. 그리고 사람들에게 이 중요성을 교육하고 싶었어요. 그래서 자연스레 아웃도어 브랜드에서 일하게 된 것 같아요.

Q) 이전에는 무슨 일을 했나요?

A) 저는 대학에서 신경과학이랑 체육과학을 복수 전공했어요. 이러한 배경 때문인지 몰라도 명상과 요가를 즐기게 되었어요. 여러 곳을 다니면서 다양한 경험을 쌓고자 노력했어요. 그래서 발리에 가서 요가 자격증도 따고 하와이에서 몇 달간 살면서 서핑도 즐겼죠. 업무적으로는 파타고니아에서 장비 담당 PLM 인턴으로 근무를 했었고, 펜들턴 (Pendleton) 브랜드에서 머천다이저로 일하기도 했어요.

Q) 제가 알기로 모델로도 활동 하셨던데요?

A) 네, 컬럼비아 스포츠웨어, 아슬레타(Athleta) 등 여러 브랜드에서 스포츠 및 라이프 스타일 제품 모델로 일하기도 했어요. 업무 외적으로 재미도 있고 기회가 될 때마다 계속하고 있어요.

Q) 앞선 업무 경험은 현재하고 있는 직무가 아닌데, 도움이 되나요?

A) 예전에 경험했던 직무가 현재와 다른 직무이긴 하지만 전혀 관련이 없다고는 할 수 없어요. 일단 회사는 다양한 직무를 가진 동료들과 함께 협업해야만 해요. 그래서 각 직무가 어떻게 일하고 그들의 업무 접근 형태와 생각의 방식을 이해하는 데 도움이 되는 것 같아요.

Q) 마케팅 담당자로 가장 기억에 남는 프로젝트는 무엇인가요?

A) 저는 아웃도어 브랜드에서 일하면서 단 한 번도 자연 보호의 중요성에 대해 잊은 적이 없어요. 2019년 12월에 'Park for All'이란 캠페인을 진행했어요. 연말에 선물로 판매되는 제품을 저희 브랜드가 후원하는 선수들이 자신이 선택한 비영리단체에 기부해서 공원과 자연의 소중함을 알리는 거죠. 가장 의미 있는 캠페인이 아니었나 생각이 드네요.

Q) 마케터에게 반드시 필요한 역량을 무엇인가요?

A) 마케팅은 무에서 유를 만들어내야 해요. 창조성이 필요해요. 게다가 제품을 홍보하기 위해 홍보대사 및 영업 담당자 등 다양한 사람들

과 일해요. 관계적으로도 유연함이 있어야 할 것 같아요. 게다가 무엇보다 회사가 나아가는 비즈니스 전략을 잘 이해할 줄 알아야 해요. 전략이란 방향성이고 목표인데 그걸 돕는 것이 마케팅이기 때문이죠.

Q) 마지막으로 마케터가 되고자 하는 사람들에게 조언한다면?

A) 아마 스포츠 브랜드 업계에 있는 많은 분들이 저와 같은 생각일 거예요. 본인이 마케팅 업무가 정말 하고 싶은 것임을 알고 있더라도, 그것만을 고집하지는 않길 바랍니다. 브랜드 내에서 각 직무가 어떻게 하나의 유기체로 연결되는지 이해한다면 정말 도움돼요. 다시 말해, 무슨 직무이든 기회가 오면 잡으세요. 산을 오를 때도 좀 돌아가더라도 정상에 도착하면 되는 거니까요.

드웨인 웨이드

드웨인 웨이드(Dwyane Wade)는 2003년 전체 5순위로 마이애미 히트에 지명되고 16년간 미국 프로농구를 지배한 위대한 선수 중 한 명이다. 그는 2018~2019년도 시즌을 마지막으로 코트를 떠났다. 총 3번의 NBA 챔피언 결정전(NBA Finals) 우승과 1회 Finals MVP를 거머쥐고, 올스타에 13번이나 선정되었다. 그는 운동선수뿐만 아니라 비즈니스맨으로서도 상당한 성공을 거두고 있다.

그는 2003년부터 9년간 컨버스 및 조던 브랜드 신발을 신고 코트를 누볐으나, 2012년 중국의 리닝 브랜드와 후원 계약을 체결하고 현재에 이르고 있다. 당시 많은 사람들이 조던 브랜드를 포기하고 기존에 들어보지 못한 중국 브랜드와 계약을 체결한 것에 대해 의아해하며 그의 판단에 대해 비난하기도 했다. 이후, 그는 인터뷰에서 리닝으로 가게 된 가장 큰 이유는 조던 브랜드가 제공하는 것을 그대로 수용만 하기보다 마이클 조던과 같이 나만의 브랜드 및 제품을 만들고 싶기 때문이라고 하였다.

웨이드와 리닝 브랜드의 파트너십은 결국 'Way of Wade (WoW)' 브랜드를 탄생시켰고, 그는 시그니처 신발 및 의류를 디자인하는 등 브랜드 디렉터로 활동하고 있다. 그 외에도 스탠스(Stance) 브랜드, 나파밸리 레드와인(Napa Valley Red Wines) 및 게토레이(Gatorade) 등과도 엔도스먼트 계약이 되어 있다.

브랜드가 나아가야 할 스포츠 마케팅의 방향을 드웨인 웨이드와 리닝의 관계가 제시해준다고 생각한다. 브랜드가 그 규모를 키워나가기 위해서는 브랜드의 포트폴리오를 구성하는 서브 브랜드의 역할이 매우 중요하다. 스포츠 브랜드가 후원 계약을 체결할 때는 선수의 운동 능력을 가장 최우선으로 고려해야 하지만, 그 능력이 증명되었다면 브랜드를 함께 성장시킬 수 있는 비즈니스 감각이 있는 선수를 찾아보는 것은 어떨까?

스포츠용품 업계의
일반적인 제품 개발 과정

SPORTS BRAND   CAREER ROADMAP

"경험은 무슨 일을 할 수 있는지 알려주고,
자신감은 그 일을 할 수 있게 해준다"

- 스탠 스미스

1

고 투 마켓
(Go-To-Market)

　　대부분의 스포츠 브랜드는 일반적으로 제품 기획 단계부터 매장에 최종 출시되는 기간을 18개월로 설정하고 있다. 이는 '시장으로 가기 위한 과정'이라는 의미로 고투마켓(Go-To-Market, GTM)이라는 표현을 사용하며 제품의 성공적인 론칭과 판매를 위한 통합적인 제품 론칭 과정을 의미한다. 이 과정은 제품의 기획 및 개발 단계(creation)와 상업화 단계(commercialization)로 구분되며, 제품 기획, 제품 개발, 제품 결정 단계로 세분화될 수 있다. 먼저 제품을 기획하는 단계에서는 시장의 트렌드와 소비자의 소비 패턴 등을 연구하여 시장에서 어떤 제품이 필요하고, 해당 제품을 판매할 시 얼마의 수익을 낼 수 있는지에 대한 목표 마진을 설정한다. 특히 이 과정에서는 지난 시즌 매출이 좋았던 제품이 있다면 어떠한 이유로 그러한 결과가 나왔는지, 만약 그렇지 않다면 원인이 무엇인지를 분석하여 이를 보완할 수 있는 새 시즌에 대한 제품을 기획하기도 한다. 두 번째 단계는 제품을 디자인하고 소재를 선택하는 등 직접적으로 제품을 개발해 나가는 과정이다. 매 시즌마다 제품 라인 전반을 기획하는 PLM, 개발자 및 디자이너가 삼각 편대(triad)를 이루어 상호 협업해 나간다. PLM은 소비자와 시장의 분위기 등을 파악하여 그 내용을 디자이너와 개발자와 공유한다. 디자이너는 그러한 내용을 참고하여 제품을 디자인하고 컬러 디자이너와 논의하여 트랜드에 맞는 색상을 입히는 작업을 한다. 동시에 소재 팀 및 개발자는 해당 제품에 어떠한 소재를 사용할지 그리고 그 소재의 단가를 계산하고 제품 개발에 소요되는 제조원가(COGS)를 코스팅팀과 협의한다. 예를 들어, 높은 가격대의 겨울용 스트리트 부츠를 제작한다고 가정하면, 방수 기능이 높아질수록 소재 가격이 올라가게 된다. 이럴 경우, 앞서 설정했던 목표 마진이 달성되지 못한다면 해당 제품은 개발하지 않는 것으로 결정되거나 상대적으로 방수 기능이 낮은 소재로 변경하여 마진을 유지할 수도 있다. 이러한 협의 과정은 여러 차례에 걸쳐 진행되며 제조공장과 브랜드 담당자(주로 개발자)간 제작된 샘플을 검수하고 PLM의 최종 승인에 따라 비로소 대량 생산 단계에 돌입한다. 제품 개발 단계에서 머천다이저는 지난 실적 등의 분석을 토대로 판매 예측(forecast)를 하고 세일즈 및 마케팅 부서와 함께 론칭 시기, 유통 채널 등에 대한 세부 전략을 수립한다. 이어 각 제품에 대한 주문 발주(Purchase Order: PO)가 되면 대량 생산 절차가 본격적으로 시작된다. 브랜드와 제조공장 간에 상호 합의된 일정에 맞춰 제품은 물류창고 및 매장으로 납품된다. 여기서 가장 중요한 것이 부서 간 협업이다. 일부 부서에서 업무상 차질이 발생하면 필연적으로 제품의 최종 출시 일정이 지연될 수밖에 없기 때문에 스포츠 브랜드에서는 팀워크의 중요성을 나날이 강조하고 있다.

PLANNING	DESIGN & DEVELOPEN

| | STRATEGIC PLANNING | SEASONAL KICK-OFF | PRODUCT BRIEF | DESIGN | DEVELOP |

	PLANNING	DESIGN & DEVELOPEN
절 차	• 카테고리 별 비전 및 상품의 시즌 전략 기획 • 지난 시즌 상품 매출에 대한 검토 및 요인 분석 • 각 지역별 시장의 요청 사항 파악 • 새 시즌 상품에 대한 마진 및 수익 목표치 결정	• 새 시즌 상품의 기획 구체화 • 신기술에 대한 상품에 대한 접목 • 컬러 및 소재 선정 • 생산단가 및 최종판매가격 결정 • 소비자 트렌드 및 시장에 대한 이해 • 프로토타입 개발 및 수정 보완
관 련 직 무	• Product Line Manager • Regional Product Merchandising • Planning • Innovation • Design / Color • Finance • Operations	• Consumer Insights • Product Line Manager • Product Merchandising • Innovation • Design / Color • Development • Materials • Engineer • Costing / Sourcing • Operations

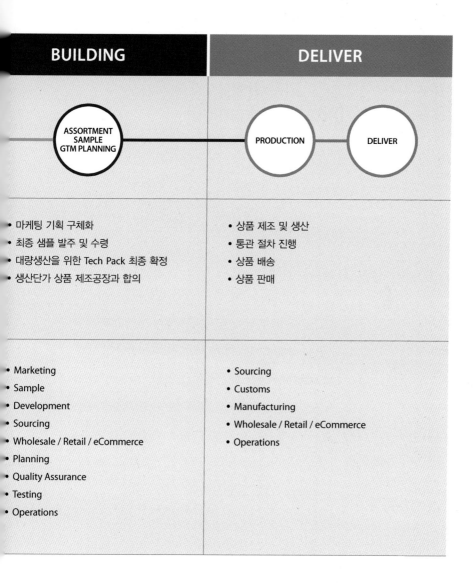

BUILDING	DELIVER
ASSORTMENT SAMPLE GTM PLANNING	**PRODUCTION** / **DELIVER**
• 마케팅 기획 구체화 • 최종 샘플 발주 및 수령 • 대량생산을 위한 Tech Pack 최종 확정 • 생산단가 상품 제조공장과 합의	• 상품 제조 및 생산 • 통관 절차 진행 • 상품 배송 • 상품 판매
• Marketing • Sample • Development • Sourcing • Wholesale / Retail / eCommerce • Planning • Quality Assurance • Testing • Operations	• Sourcing • Customs • Manufacturing • Wholesale / Retail / eCommerce • Operations

제품의 기획, 개발 단계는 PLM, 디자이너, 개발자 등이 담당했다면, 상업화 단계는 머천다이저, 마케팅, 영업 부서 등의 역할이 중요하다.

2

제품 기획
(Product Planning)

　　일반적으로 여행을 가기 전 어디를 방문하면 좋을지, 그 곳의 맛집은 어디에 있는지, 항공료 및 숙박비는 얼마가 소요되는지 예산을 짜고 계획을 세운다. 제대로 세운 계획 하에 떠나는 여행은 시행착오도 줄이고 금전적으로도 효율적으로 관리될 수 있기 때문에 반드시 필요한 과정이다. 스포츠용품 업계에서도 전략 없이 무턱대고 제품을 개발하는 것은 좋은 성과로 연결되기 어렵다. 여행 계획을 수립할 때 가장 먼저 목적지를 정하는 것처럼 제품을 개발할 때도 목적이 가장 중요하다.

　　다음 사례는 신발 제품 제작 과정을 설명하기 위해 저자가 임의로 구성하였다. 각 스포츠 브랜드 및 담당자마다 제품 기획을 위한 소비자 연구 등의 시장 분석 방법론적 접근은 다를 수 있으나, 전체적인 사고의 흐름에서는 대동소이하다.

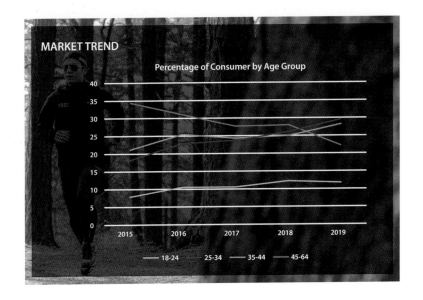

시장 트랜드에 대한 자료를 분석한 바에 따르면 미국에서는 18세부터 44세의 범주에 속하는 연령 층에서 자연을 달리는 트레일 러닝에 참여하는 사람들의 수가 2015년부터 상승하고 있음을 알 수 있다. 본사가 미국에 위치한 ZS 브랜드는 전문 아웃도어 브랜드로서 의류 및 신발 등의 제품을 개발 및 판매하고 있으며, 내후년 봄, 여름 시즌을 목표로 새로운 트레일 러닝화 모델을 론칭하고자 한다.

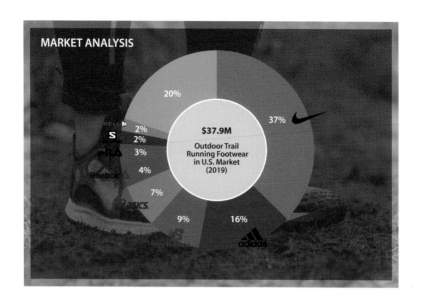

MARKET ANALYSIS

$37.9M
Outdoor Trail
Running Footwear
in U.S. Market
(2019)

시장을 기준으로 2019년 트레일 러닝에 참여하는 사람들은 나이키 (37%), 아디다스(16%), 뉴발란스(9%), 아식스(7%) 등의 순서로 해당 브랜드의 제품을 구입한 것으로 나타났다. 스포츠 브랜드에 관심이 많은 사람이라면, 여기에서 다소간 의아한 점을 느끼게 될 것이다. 이러한 브랜드들은 러닝 카테고리 비즈니스를 운영하고 있기는 하지만, 산악 달리기라는 트레일 러닝을 목적으로 한 모델은 다양하지 않다는 점이다. 트레일을 달려본 사람이라면 일반 러닝화는 울퉁불퉁한 산비탈을 달리는 데 적합하지 않다는 것을 알고 있을 것이다. 그럼에도 불구하고, 왜 상기 브랜드에서 높은 수요가 보여지는 것일까? 이는 트레일 러닝화가 아닌 일반 러닝화를 신고 트레일을 달렸기 때문이라고 가정할 수 있다.

만일 그러한 가정이 맞는다면, 그들은 왜 트레일 러닝의 목적에 부합하지 않은 일반 러닝화를 신고 달렸을까 질문을 하게 된다.

ZS 브랜드는 성공적인 신제품 론칭을 위해 자신들이 세운 가정이 타당한지, 트레일 러닝 시장의 경쟁 관계를 포함하여 소비자에 대한 연구를 시작하였다. 소비자 연구를 담당하는 Consumer Insight팀에서는 트레일 러닝 활동에 참여하는 사람들이 운동하는 장소를 찾아가 그들을 대상으로 설문 조사와 1:1 인터뷰를 하였고, 트레일 러닝 제품 개발을 위해 소수의 남녀 참가자를 모집하고, 두 그룹으로 나누어 몇 시간에 걸쳐 그들의 트레일 러닝 활동, 습관 및 제품에 대한 의견을 청취하는 특정 집단 인터뷰(Focus Group Interview)를 진행하였다. 그 내용을 분

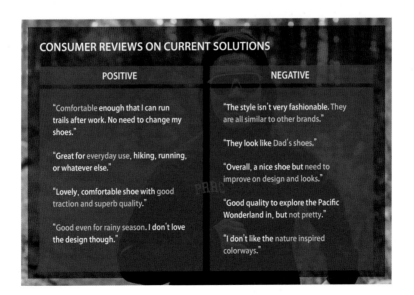

CONSUMER REVIEWS ON CURRENT SOLUTIONS

POSITIVE

"Comfortable enough that I can run trails after work. No need to change my shoes."

"Great for everyday use, hiking, running, or whatever else."

"Lovely, comfortable shoe with good traction and superb quality."

"Good even for rainy season. I don't love the design though."

NEGATIVE

"The style isn't very fashionable. They are all similar to other brands."

"They look like Dad's shoes."

"Overall, a nice shoe but need to improve on design and looks."

"Good quality to explore the Pacific Wonderland in, but not pretty."

"I don't like the nature inspired colorways."

석한 결과, Consumer Insight팀에서는 제품 개발에 있어 소비자의 시각
에서 브랜드에 요구하는 사항을 알게 되었다.

소비자들은 현재 시장에 출시된 트레일 러닝화는 기능적 측면에서
는 매우 긍정적이나 디자인에서는 브랜드 간 별 차이가 없고, 특히 색상
및 스타일 측면에서 개선이 필요하다는 부정적인 의견도 있었다.

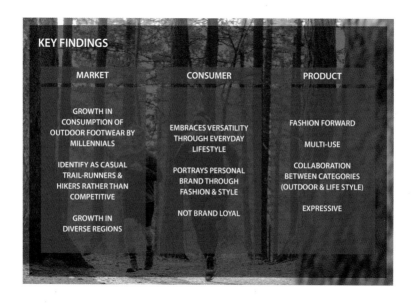

결론적으로 신제품 개발에 있어 고려할 내용은 다음과 같이 정리되
었다.

- 시장 측면: 밀레니얼 세대(1981~1996년생)에서 아웃도어 신발
  에 대한 소비가 늘어나는 추세를 보이고, 트레일 러닝에 대한 참

여도 늘어나고 있다.

- 소비자 측면: 언제나 다양한 목적으로 신을 수 있는 제품이 필요하고, 패션과 스타일을 통해 자신의 개성을 보여주고자 하며, 특정 브랜드를 고집하지 않는다.
- 제품 측면: 스타일이 중심이 된 아웃도어와 라이프 스타일의 카테고리에 둘 다 부합될 수 있는 제품이 필요하다.

Consumer Insight팀이 제공한 내용을 바탕으로 PLM은 본격적으로 제품을 기획한다. 먼저 타깃 고객층에 해당하는 사람들의 일상 패턴을 포함한 일거수일투족을 관찰하고, 그에 대한 분석이 이루어진다. 그 후 해당 제품의 타깃 고객층을 대표할 수 있는 이상적인 가상의 소비자를 정한다. ZS 브랜드의 PLM은 20~30대를 위한 트레일 러닝화 개발을 위해 존(John)이라는 남성을 주 소비자층을 대표하는 인물로 선정하였다. 그리고 그를 통해 아웃도어 활동을 하는 데 있어서 자신을 표현할 수 있는 스타일을 강조한 트레일 러닝화 개발의 필요성을 역설한다.

이제 PLM은 '누구'를 위해 신제품을 '왜' 개발해야 하는지에 대한 답을 알고 있다. 본격적인 디자인 및 개발 단계에 앞서 새로운 제품에 대한 포지셔닝(positioning)을 하기 위해 해당 카테고리 시장 내에서 경쟁 관계를 파악한다. 아울러 이미 과거에 제작된 자사 브랜드와 경쟁사의 유사한 목적의 동일한 가격대의 제품을 비교하여 신제품에 대한 포지셔닝을 하기도 한다. ZS 브랜드는 기능과 패션에 집중하여 포지셔닝을 진행했다.

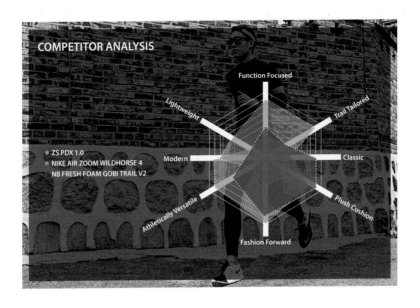

새로운 제품에 대한 방향이 확정되면 PLM은 이러한 내용을 디자이너와 개발자에게 공유하며, 본격적인 제품 개발 단계에 진입한다.

3

제품 개발
(Product Creation)

PLM이 제시한 제품에 대한 방향성을 바탕으로 디자이너는 디자인에 대한 영감을 얻기 위해 소비자층을 직접 만나고 연구하게 된다. 그리고 자신의 디자인에 대한 방향을 역으로 PLM과 개발자에게 명확하게 전달하기 위하여 디자인 보드(Design Board)를 작성하여 디자인하게 된 배경에 대한 의견을 주고 받는다. 이후 여러 차례에 걸친 의견 수렴 과정을 통해 디자인을 최종 확정한다.

디자이너는 최종 확정된 디자인 시안을 컬러 디자이너에게 넘기고, 컬러 디자이너는 자신의 리서치를 통한 트렌드를 토대로 색상을 정한다. 아울러 개발자 및 소재팀과 어떤 소재를 사용할지에 대해 협의를 한다. 예를 들면 어퍼(upper) 부분을 통풍이 좋은 열린 메쉬(open mesh)로 할지, 닫힌 메쉬(closed mesh)를 사용할지, 소재의 원가는 특정 길이당 얼마 수준의 소재로 하는 것이 좋을지 등을 전반적으로 결정한다.

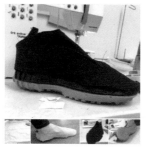

　제품에 대한 소재의 가격, 즉 원자재비, 인건비 등에 대한 업무를 담당하는 코스팅 담당자는 PLM 및 개발팀과 내용을 공유한다. 브랜드 입장에서는 적정 비용으로 최고의 제품을 생산하여 수익을 남기는 것을 목적으로 하므로 코스팅 팀의 역할은 매우 중요하다.

　개발자는 제품 제작에 있어 필요한 모든 서류가 취합된 작업지시서 (디자인, 색상, 치수, 소재 등이 포함)를 최종 작성하여, 제조공장의 개발부서에 최초 샘플 제작을 요청하고, 핏 테스팅을 포함한 여러 번의 수정, 보완 작업을 거쳐 최종 샘플을 완성한다. 이러한 반복되는 과정을 통해 브랜드가 제조공장이 제작한 샘플을 최종 승인하면 제품의 개발 단계는 완료된다.

Project Name:	Windbreak
Factory:	SJH
Prototype ID:	WTK-1
Season:	Spring 2021
Division:	Trail Running
Color Description:	Green / Black / Blue
Country of Origin:	China
Gender/Size:	Men's 9
Size Run:	US M7-10,13,14
Last Code:	Taylor-Lava_2019
Model Code:	95-403

Component Type	Component Specification	Supplier	Unit Price	Pair Price
UPPER				
Toe Tip/Mudguard	1.3mm PU	Dong-Bung	1.320	0.794
Vamp	Mesh	JCT	2.314	1.902
Vamp Lining	Cambrelle	Local	1.480	1.325
Quarter Overlay	Mesh	JCT	0.330	0.332
Tongue	Mesh	JCT	1.430	0.593
Tongue Lining	Visa Terry	Corrico	3.790	2.242
Tongue Logo	Embroidery Logo	Local	0.200	0.155
Tongue Foam	PU Foam	Local	2.780	1.890
Shoe Lace	8mm Oval	Poom	0.243	0.200
Collar Panel	Mesh	JCT	0.990	0.802
Heel Lining	Visa Terry	Corrico	0.228	0.120
Heel Counter	1.3mm PU	Dong-Bung	1.440	2.152
				12.358
OUTSOLE UNIT				
Midsole	TPU	Local	5.230	8.529
Outsole	Vibram Lightweight	Vibram	10.164	19.384
Insole	KOA Insole	TR LLC	0.813	1.249
Insole Logo	Screen Print	TR LLC	0.508	0.945

샘플 원가계산서

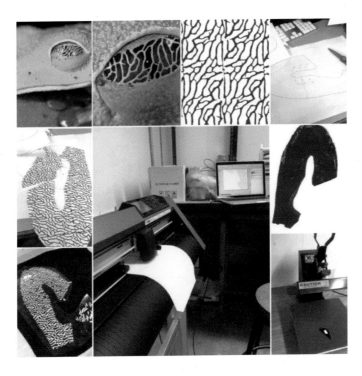

157

4

제품 결정
(Product Assortment)

제품의 개발 단계가 완료되었다. 그럼 이제 이를 판매할 시즌에 대한 전략을 머천다이저가 중심이 되어 계획을 세운다. 스포츠 브랜드에서 시즌이란 봄, 여름을 중심으로 하는 상반기 시즌과 가을, 겨울을 중심으로 하는 하반기 시즌으로 나누어진다. 각 시즌에는 하나의 제품만 출시되는 것이 아니다. 일부 대형 브랜드의 경우 카테고리별로 한 시즌에 100개 이상의 모델을 시장에 내놓기도 한다. 여기서 매장 벽면에 진열될 수 있는 제품의 수량이 정해져 있기 때문에 어떤 제품을 어느 시점에 내놓을지 결정하는 과정이 필요하며, 이를 시즌에 대한 제품 라인을 구성하는 제품 결정(Product Assortment)이라고 한다. 이러한 이유로 같은 모델이라고 해도 어떤 색상은 특정 국가에서만 출시되고, 다른 나라에서는 출시되지 않는 경우도 있다.

머천다이저는 4개의 색상으로 구성된 모델이 있더라도 반드시 모든 색상을 해당 제품에 대한 라인으로 구성할 필요는 없다.

머천다이저는 해당 시즌에 판매될 제품의 종류와 색상 등을 검토하고 판매 채널 및 수량을 예측하면서 보다 세부적인 론칭 계획을 마케팅 및 세일즈 부서와 협의하여 시즌별 매출에 대한 전략을 짠다. 그렇기 때문에 제품에 대한 이해는 물론이고, 과거 어떤 제품이 인기를 끌었고 수익을 냈는지, 경쟁사 현황과 모델에 대한 연구를 지속적으로 진행해야 한다. ZS 브랜드의 머천다이저는 2021년도 봄/여름 시즌에 판매할 Windtrack 트레일 러닝화가 몇 켤레 판매될 것인지 지난 시즌의 데이터를 통해 예측한다. 신제품의 경우는 지난 시즌 매출에 대한 기록이 없기 때문에 해당 가격대와 유사한 제품의 매출 내역 등을 참고한다. 아울러 신제품뿐만 아니라 앞선 시즌에 출시되었던 모델(carryover) 제품도 추가하여 제품 라인을 결정한다.

5

세일즈&마케팅
(Sales&Marketing)

머천다이저는 마케터와 함께 제품의 판매를 극대화할 수 있도록 마케팅 형식과 일정 등을 논의한다. 예를 들어, 온라인이나 모바일을 통해 제품과 브랜드를 홍보하기도 하고, 유명인을 초청하여 제품과 연계하여 행사를 진행할 수도 있다. 이러한 마케팅은 행사 및 영상 제작 등을 통해 브랜드에 대한 인식을 높일 수 있는 브랜드 마케팅과 이를 제품에 더 집중하는 제품 마케팅이라는 두 개의 큰 축으로 나눌 수 있다. 그 외에 스포츠 선수를 통해 제품과 브랜드를 동시에 알리는 것을 목적으로 하는 스포츠 마케팅이 있다.

또한 GTM 전반에 걸쳐 매우 중요한 역할을 하는 또 다른 부서가 세일즈팀이다. 머천다이저와 시즌별 영업 전략을 기획하고 이를 실행에 옮기면서 소비자(consumer) 및 고객사(customer)를 가장 가까운 곳에서 담당한다. 특히 브랜드가 고객사로부터 제품과 수량 등을 주문받는 수

주 회의(Order Taking Show) 이후 확정되는 실제 수량과 DTC 채널에서 판매될 수량을 합한 수량을 바탕으로 브랜드는 각 시즌에 대한 주문량을 확정한다. 이로써 대량 생산(mass production) 단계에 들어간다. 제품은 이후 지정된 기일에 제조공장과 브랜드 간에 상호 합의된 주소지로 배송되며, 제품의 각 론칭 시점에 따라 매장에서 고객의 선택을 기다리게 된다.

브랜드의
스포츠 마케팅 계약

브랜드가 상당한 금액을 선수나 구단에 지불하고 스폰서십 계약을 체결하는 이유는 무엇일까? 단순히 자사의 제품을 착용하는 것에 그치는 것은 아닐 것이다. 즉 선수를 통한 제품의 노출로 대중이 실제 제품 구매로 이어질 수 있도록 마케팅적 효과를 내기 위한 것이다. 브랜드가 선수나 구단과 체결하는 스폰서십 계약에 반드시 기재되어야 하는 계약조건에 대해 간략히 알아보기로 한다.

- **계약기간**: 스폰서십 계약을 체결하는 데 있어 선수라는 직업의 특성상 그 활약 여부는 부상이라는 위험요소를 늘 함께하고 있어서 브랜드 입장에서는 1년의 단기 계약을 선호한다. 한편 일부 유력 선수 또는 성장 가능성이 많은 선수에 대해서는 타 브랜드의 접근으로부터 보호하고, 스폰서의 지위를 계속 유지하기 위해 장기 계약을 체결하기도 한다.

- **교섭우선권:** 브랜드는 대개 계약 기간 만료 전에 현재 진행 중인 계약의 연장을 위해 후원 중인 선수에 대하여 타 브랜드보다 먼저 계약 조건을 재협의할 수 있도록 하는 교섭 우선 조건을 두고 있다. 이는 일반적으로 60일로 정하고 있다.

- **후원용품 착용의무:** 브랜드가 선수와 스폰서십 계약을 체결하는 가장 근본적인 목적은 선수의 활동을 통해 대중에게 제품 또는 브랜드를 알리는 것이다. 그런데 일부 선수들은 간혹 경쟁사 브랜드의 제품을 사용하거나 착용하고 활동하기도 한다. 이러한 문제점을 해결하기 위해 훈련 및 경기 등 특정 상황에서는 반드시 후원하는 브랜드 제품을 착용해야 한다고 정한다.

- **프로모션 행사 참석:** 일반적으로 선수에 대해 계약 기간에 일정 횟수 또는 시간 동안 선수의 초상을 사용한 브랜드 광고를 촬영하거나 팬 미팅 등의 프로모션 행사에 참여토록 하는 조건을 포함하기도 한다.

그 외에 퍼포먼스에 따른 보너스, 계약해지에 대한 조건 등이 있다.

이대로 준비하면
누구나 스포츠 브랜드인이 될 수 있다

SPORTS BRAND   CAREER ROADMAP

"인생은 성장하는 것이다. 성장하지 못한다면 죽은 것이다"

– 필 나이트

1

취업 준비를 위한
기본 5가지 단계

　내가 정말 스포츠 브랜드에서 일하고 싶다면, 어떤 일을 하는 것이 나에게 적절한지 사전에 알아볼 필요가 있다. 여기서는 전공이나 기존의 경험은 모두 배제하자. 내가 정말 원하는 것인지 여부를 기준으로 하는 자가 진단 방법이다. 이는 다른 업종을 준비하더라도 유용하다고 생각한다. 지금부터 본인의 적성에 맞는지에 대한 검토에서부터 직무에 대한 정보 수집 등에 대하여 5단계로 나누어 이야기하기로 한다.

1단계 - 내가 좋아하는 것들 무작정 적어보기

　첫 번째 단계는 가장 쉽고 시간이 제일 적게 걸리는 과정이다. 여러분이 필요한 것은 오직 종이 한 장과 연필이다. 여러분이 좋아하고 생각만 해도 행복과 만족감을 주는 것들을 3분 동안 무작정 적어보기로 한다.

다만 왜 그런 지에 대하여 생각하지 말고 직감으로 작성해야 한다. 이는 내가 좋아하는 음식일 수도 있고, 연예인이나 취미 활동일 수도 있고, 사랑하는 가족과 친구들이 될 수도 있다. 다음 표는 내가 미국으로 유학을 가기 직전 새로운 커리어 도전을 위해 직접 작성했던 리스트이다. 내 나이 서른에 새로운 무언가를 시작하려면 더욱 더 전략적으로 접근해야 한다는 생각에 아무 생각 없이 좋아하는 것들을 무작정 나열했다.

가족, 아디다스, 신발, 농구, 하이킹, 야구, 눈사람, 강아지, 모자, 티셔츠, 고등어, 낚시, 조성환, 여행, 햄버거, 피자, 커피, 피규어, 잠, 갈비, 영화, 시계, 골프, 캠핑, 바다, 해바라기, 오타니, NC, 운전, 전주, 클라리넷, 군고구마, 사이버 매트릭스, 아이폰

2단계 - 테마 찾기

리스트가 작성되었다면 여기서 유사한 테마가 무엇인지 찾아보아야 한다. 여기서 동그라미로 표시한 것은 스포츠나 활동과 관련된 단어이고, 세모는 식음료와 관련이 있다. 그 외에는 특별한 연관성이 없어 보인다. 그 결과, 나는 스포츠 또는 식음료 업계에서 커리어를 쌓는 것이 만족도가 높을 것으로 추정할 수 있다. 그러나 솔직히 식음료는 내가 좋아하는 먹거리일 뿐, 사회생활을 하는 데 있어 일하고 싶은 업계는 아니

다. 그렇다면 나는 스포츠와 관련된 업계에서 커리어를 쌓는 것이 적성에 맞다고 할 수 있다.

가족, 아디다스, 신발, 농구, 하이킹, 야구, 눈사람, 강아지, 모자, 티셔츠, 고등어, 낚시, 조성환, 여행, 햄버거, 피자, 커피, 피규어, 잠, 갈비, 영화, 시계, 골프, 캠핑, 바다, 해바라기, 오타니, NC, 운전, 전주, 클라리넷, 군고구마, 사이버 매트릭스, 아이폰

Theme 1: 스포츠
Theme 2: 식음료

3단계 – 직무에 대한 정보 수집

두 번째 단계에서 내가 몸담고 싶은 업계는 스포츠 관련 사업을 하는 분야인 것이 정해졌다. 그렇다면 어떤 직무들이 있고 무슨 일을 하는지 정보를 수집할 필요성이 있다. 나는 리그나 구단 등과 관련한 스포츠 업계보다 스포츠용품에 대한 관심이 더 많았기 때문에 스포츠용품 업계에 있는 직무를 나열하고 검색해 보았다. 여기서 가장 중요한 것은 내가 어느 직급에 적합한지 잘 판단해야 한다. 내가 초급 관리자급의 경력과 업무적 역량을 가졌음에도 임원 직급에 지원하지는 않을 것이지 않은가? 아울러 회사마다 사용하는 직무 명을 달리 표현하기도 하므로 반

169

드시 해당 직무가 요구하는 업무가 무엇인지 확인해야 한다.

4단계 - 정보 수집을 위한 관계자 인터뷰

세 번째 단계를 통해 정리한 직무에 대한 배경지식을 근거로 실제 그 일을 하는 사람들과 사전에 약속을 정해 유선이나 이메일, 심지어 직접 찾아가서 해당 직무 담당자의 회사에서의 일상과 업무 내용에 대해 정보 수집 차원에서의 인터뷰를 진행했다. 조언하건대, 이메일 등에 대한 회신이 없거나 늦더라도 섭섭해하지 말고 회사 스케줄로 인해 시간을 맞추는 것에 유동성이 없을 수 있다는 점을 유의하기 바란다.

나는 학교 네트워킹 행사 때 알게 된 실무자를 통해 제품 개발 담당자를 찾아가 그가 담당하는 업무 내용을 비롯하여 회사의 문화 및 팀내 분위기 등에 대해 이야기 들었다. 내가 희망하는 직무는 내가 생각한 것 그대로 인지, 회사는 나의 가치관과 잘 어울리는지 등을 파악할 수 있었다. 링크드인 등의 인적 소셜 네트워크를 통해 누군가와 연결되어 조언을 구하는 방법이 쉬운 방법이긴 하나, 지인이 해당 회사에서 일하고 있다면 그들을 통해 또 다른 사람을 소개받는 방법이 가장 정확할 수 있음을 참고하기 바란다.

5단계 - 잡 포스트 검색과 타이밍

마지막 5단계가 가장 인내심이 필요한 과정이다. 앞서 진행한 과정이 모두 완벽하게 준비되었다고 할지라도 회사에서 해당 직무를 담당할 직원을 뽑지 않는다면 전혀 무의미하다. 나의 의지로 어떻게 할 수 있는 것이 전혀 없기 때문이다. 미국에서는 평균적으로 학부나 대학원을 졸업하고 3~6개월 정도 취업 준비를 한다. 그렇기 때문에 내가 만난 많은 선배들의 조언에 따르면 한 가지 직무만 하겠다는 생각은 취업이라는 목적을 달성하는 데 어려움이 있을 수 있다. 그리고 매일 여러 회사의 채용 사이트에 들어가 어떤 포지션이 채용 절차를 시작했는지 탐색해야 한다. 다만 반드시 기억해야 할 사항이 있다. 취업과 관련하여 두 가지 전략 루트가 있다. 예를 들어, 내가 특정 브랜드의 머천다이저가 되고 싶다고 하자. (1) 일단 다른 일을 하더라도 해당 브랜드에 들어가는 것을 우선으로 하겠다. (2) 나는 반드시 머천다이저만을 내 커리어로 하고 싶다. 어떤 회사를 가도 난 이 직무를 하겠다. 어디에 초점을 두고 커리어 로드맵을 그려나갈 것인가는 여러분 각자의 선택에 달렸다.

나의 경험에 비추어 말하면, (1)의 경우 신입으로 일을 시작한다거나 커리어를 변경하는 사람들에게 적합하다고 생각한다. 반면 (2)의 경우, 해당 업무에 대한 경력이 다른 업계에서 있었다면 유리한 측면이 있다고 본다.

2
네트워킹의
중요성

취업을 준비하는 데 있어 사전 경험이 내가 지원하는 직무와 얼마나 연관성이 있는지도 중요하지만, 남들보다 빠르게 정보를 취득하는 것도 하나의 필요한 요소이다. 나는 인턴으로 근무할 때, 매일 1~2명의 다양한 직무의 사람들과 30분씩 미팅을 진행하며 그들의 업무에 대해 들으며 조언을 구했다. 여기서 기억해야 할 것은 단순히 그들의 이야기만을 듣는 것이 아니라, 내가 어떤 능력과 경험이 있고 앞으로 무엇을 하고 싶은지에 대한 포부도 밝혀야 한다. 만일 누군가의 팀원 또는 관계 부서원의 이직 등으로 결원이 발생하면 나를 기억하고 내부 추천을 해줄 수도 있고, 포지션이 조만간 채용될 수 있음을 알려줌으로써 남보다 먼저 해당 직무에 지원할 수 있기 때문이다. 그렇다면, 정보 취득을 위한 인터뷰(informational interview)는 어떻게 해야 할까? 가장 중요한 것은 내 이야기를 하기보다 당신을 위해 시간을 내준 사람의 이야기를 듣는 데 집중해야 한다. 일부 사람들은 업무로 인해 시간이 나지 않을 경우도 있으므로, 전화로 15분 정도 통화할 수 있는지 부담이 되지 않는 선에서 요청하는 것도 좋은 방법이다.

또한, 어떻게 네트워킹을 하는 것이 취업이나 이직을 준비하는데 기회를 넓히고 나를 더 잘 어필할 수 있을까 생각해보아야 한다. 구체적으로 특정 세미나, 강연 및 커뮤니티 모임에 참석하는 것을 전제로 조언하고자 한다. 먼저 인적 교류를 위한 모임의 목적을 달성하기 위해 준비하는 단계, 실제 모임 참석 단계, 그리고 서로 인사 나눈 사람들과 인연을 이어 나가는 단계로 구분한다.

● 네트워킹 준비 단계

✓ 타인에게 짧지만 굵은 자기소개 내용 정리하기 - 가능한 많은 사람과 이야기를 나누어야 한다.

✓ 목적에 부합되는 모임 및 행사 찾기 - 시간과 에너지를 낭비하지 말자.

✓ 참석자 명단을 확보하기 - 공통된 주제, 관심사 등을 가진 사람과는 쉽게 가까워질 수 있다.

✓ 자신의 명함을 반드시 챙기기 - 짧은 시간에 많은 사람을 만나면, 모두를 기억하기 쉽지 않다.

• 네트워킹 진행 단계

✔ 언제든 자신을 소개할 준비하기 - 자신감 있는 모습을 보여야 한다.

✔ 명찰은 반드시 착용하기 - 어느 누군가가 그대와 교류하기 위해 당신을 찾고 있을 수도 있다.

✔ 대화 시 눈동자 쳐다보기 - 상대방을 제대로 쳐다보지 못하는 것은 자신감이 없어 보이고, 불안하다고 느끼게 할 수도 있다.

✔ 남에게 다가가는 것을 두려워하지 말기 - 그곳에 있는 모두가 네트워킹이라는 같은 목적이 있는 사람들이다.

✔ 미소를 잃지 말기 - 표정이 굳은 사람과는 그 누구와도 이야기하고 싶지 않다.

✔ 먼저 질문하기 - 상대방에게 먼저 질문을 하는 것은 당신이 대화를 이끌어 나갈 기회를 마련해준다.

✔ 더 말하기보다 더 많이 듣기 - 누구나 본인의 이야기를 하는 것을 더 좋아한다. 특히 상대방의 커리어는 어떻게 시작되었는지, 그가 담당하는 업무와 이를 수행하기 위해서는 어떠한 직무역량이 필요한지 물어본다.

✔ 서두르지 않기 - 인적 교류를 시작하는 단계이지, 당신이 취업이나 이직하는데 곧바로 도움을 받을 생각은 하지 않는 것이 좋다.

✔ 정중히 대화를 마무리하기 - 상대방과 대화를 하면서 주제와 관심사 등이 잘 맞지 않는다고 느껴지면 정중하게 대화를 정리하자.

✔ 목표는 반드시 설정하기 - 참석한 모임에서 최소 2~3인 이상의 새

로운 사람과 인맥을 쌓겠다는 등의 목표를 정하면 수많은 사람을 상대함으로써 소비하는 에너지를 줄일 수 있다.

- **네트워킹 이후 단계**
  - ✓ 새로운 인맥 관리하기 – 상대방으로부터 받은 명함 내 이메일 또는 링크드인을 통해 다시 한번 인사를 나누고 교류를 한다. 반드시 기억할 점은 네트워킹 모임 후 24시간 이내에 연락을 취해야 한다는 점이다. 시간이 오래 걸리면 상대방은 당신을 기억하지 못할 가능성이 높기 때문이다.

3

합격 가능성을 높이는
이력서 작성법

       채용 절차는 일반적으로 서류, 채용팀 인터뷰, 실무자 인터뷰, 연봉 협의 순서로 진행된다. 최종적으로 채용 여부를 결정하는 실무 책임자(Hiring Manager가 직속 상사가 된다)와의 인터뷰가 가장 중요하다. 그러나 이 역시 첫 관문인 서류를 통과해야만 가능하다. 나는 정말 셀 수 없이 많은 포지션에 지원했고 대부분 탈락의 고배를 마시며 좌절하기도 했다. 탈락 소식을 들을 때마다 내 이력서에 무슨 문제가 있는지, 어떻게 해야 가능성을 높여주는 이력서가 작성될 수 있을지에 대해 많은 사람들에게 조언을 구하기도 했다. 채용팀이나 실제 채용 여부를 결정하는 사람들이 각자의 관점에서 이력서를 검토하겠지만, 나의 경험에 비추어 이에 대한 생각을 나누고자 한다.

    다음은 내가 특정 브랜드 초급 관리자 수준의 머천다이저 직무에 지원할 당시 해당 포지션의 직무기술서(Job Description)이다.

직무기술서는 해당 직무에 채용될 경우, 어떤 업무를 담당하고 그에 필요한 역량이 무엇인지를 소개하고 있다. 나는 당시 서류 합격조차 하지 못했는데 직무기술서를 꼼꼼하게 살펴보고 지원한 것이 아니라 단지 취업하는 것을 목표로 한 무계획적인 지원이었기 때문이다.

직무기술서를 검토할 때, 제일 먼저 해야 할 일은 키워드를 찾는 것이다. 여기서 키워드는 어떤 행위를 해야 하는 것에 초점을 맞춰야 한다. 다음 직무기술서에서는 '구체적인 계획을 실행(Execute⋯specific action plans⋯)' 하고, '관련 부서가 목표를 달성할 수 있도록 제품을 선정(Develop and define product needs⋯)'할 뿐만 아니라, '부서 또는 카테고리별로 영업 실적 데이터를 분석(Analyze department/category selling data⋯)'해야 한다고 되어 있다.

Associate Merchandiser – Job Description

Overview
We are looking for an Associate Merchandiser to be responsible for achieving sales and margin targets for a department or category. As our Associate Merchandiser, you will translate and execute merchandising action plans to drive departmental financial and marketing objectives.

Responsibilities
- Execute departmental and category specific action plans to achieve goals.
- Develop and define product needs for a department or category that align with division objectives.
- Analyze department/category selling data to inform future merchandising strategies.
- Manage all photo and in-line samples.
- Analyze competition; style counts, color stories, pricing structure.
- Create, set-up and maintain assortment plans, style/colorways counts.
- Maintain all assortment plans for assigned department/category.
- Run business reports, analyze data and make recommendations to improve performance.
- Ensure accurate and timely data entry and maintenance.
- Aid in preparation for all monthly and weekly meetings.

Qualifications
- Systems efficiency.
- Proficient written and verbal communication skills.
- Ability to analyze business data and make recommendations.
- Organized, flexible and detail oriented.
- Ability to manage multiple complex tasks simultaneously.
- Maintains a positive attitude and promotes a spirit of cooperation and teamwork.
- Demonstrates a keen eye for product, trend, and color.
- Proficient computer skills including Outlook, Word, Excel, PowerPoint.
- 4-year degree in business or related field.
- 2 years related experience.

그럼에도 불구하고, 나의 기존 이력서는 직무기술서에서 요구하고 있는 역량을 충분히 설명하지 못했을 뿐만 아니라 심지어 업무와 관계없는 내용을 중심으로 기술되었던 것이다.

따라서 이력서를 작성할 때는 반드시 직무기술서를 꼼꼼히 읽어보고 키워드를 찾아내 경험이 이를 반영하도록 수정해야 한다. 그렇기 때문에 지원하는 직무가 여러 개일 때는 반드시 내용을 일부 수정해야 한다.

그렇다면 어떤 이력서가 취업이라는 목표에 보다 가까워질 수 있도록 해줄지 살펴보도록 하자. 내가 컬럼비아 스포츠웨어 의류팀 소속의 단기 계약직 머천다이저로 근무하면서 이력서에 새로운 직무 경험을 작성(이력서 참조) 할 수 있게 되었다.

최근 미국의 여러 학교에서는 입사 지원 시 개인의 성향과 관심사를 나타낼 수 있는 비주얼 이력서(visual resume)와 일반적인 이력서(standard resume)를 함께 준비하도록 안내하기도 한다.

비주얼 이력서는 채용 담당자에게 지원자의 성향 및 관심 사항 등을
이미지를 통해 더욱 빠르게 스크리닝 할 수 있도록 하는 장점이 있다.

STEVE SUH

EMAIL ★ (123) 456-7890 ★ PORTLAND, OR

A globally-invested merchandiser who specializes in
analyzing market and category trends, developing merchandise plans,
improving business communication, and managing multiple projects.

EDUCATION

UNIVERSITY OF
OREGON

M.S. Sports Product
Management

Master of Law

Bachelor of Law

EXPERIENCE

Apparel
Merchandising Coordinator

Marketing Manager

Sr. Legal Specialist(KOR)
NCAA Intern(USA)

INTERESTS

Camping

Fishing

Footwear

Sustainability

샘플 비주얼 이력서

일반 이력서는 사회에서 가장 정형화된 이력서 양식으로 구체적으로 지원자의 업무 경험과 경력을 파악하는 데 유리하다.

STEVE SUH

email | (123) 456-7890 | linkedin

OBJECTIVE

A globally-invested merchandiser who specializes in analyzing market and category trends, developing merchandise plans, improving business communication, and managing multiple projects.

PROFESSIONAL EXPERIENCE

Columbia Sportswear Company   6/2018 – Present
Apparel Merchandising Coordinator – Asia Pacific   Portland, OR
- Deliver and support product assortment and investment plans for the regional partners
- Partner with regional merchandisers/demand planners to serve up market opportunities
- Seek marketplace opportunities by analyzing market booking and sales data
- Manage merchandise operation tasks at regional level by maintaining PDM system
- Support regions to adapt seasonal strategies and brand messages

adidas North America   6/2017 – 8/2017
Graduate Intern - NCAA   Portland, OR
- Analyzed NCAA school sponsorship deals and created collegiate endorsement contract database
- Developed strategic plans to determine consumer segments for the U.S. licensed sports merchandises

Cape On   12/2015 – 4/2016
Marketing Manager   Seoul, Korea
- Coordinated multiple sporting and marketing events for Descente and its sub-brands
- Represented professional golfers and managed their sponsorships

adidas Korea   9/2011 – 9/2015
Sr. Legal Specialist   Seoul, Korea
- Drafted sports marketing endorsement and sponsorship agreements
- Aligned with China, Japan, and Hong Kong offices to cooperate for local and regional policies
- Advised on various topics of legal matters and consumer claims

UNIVERSITY OF OREGON LUNDQUIST COLLEGE OF BUSINESS – Portland, OR   3/2018
  • M.S. in Sports Product Management

YONSEI UNIVERSITY – Seoul, Korea   6/2014
  • Master of Law

KYUNG HEE UNIVERSITY – Seoul, Korea   2/2011
  • Bachelor of Law

ADDITIONAL INFORMATION

Additional Languages: Korean (Fluent), Japanese (Intermediate)
Computer Skills: Product Data Management (PDM), Microsoft Office, Adobe Illustrator

샘플 일반 이력서

• 목표(Objective)

본인의 장점을 직무기술서의 업무 역량과 연관 지어 해당 직무에 왜 자신이 적임자인지 채용 담당자에게 첫인상을 심어주는 부분이다. 단, 한두 문장으로 짧게 기재하고 지나친 미사여구는 피해야 한다.

• 업무경력(Professional Experience)

신규 취업 또는 직무 이동 시, 업무와 연관된 어떤 경험이 있는지 우선하기 때문에 가능하면 보다 구체적이고도 짧은 문장으로 작성해야 한다. 그 이유는 채용 담당자 입장에서는 무수히 많은 지원자가 서류를 접수하기 때문에 빠르게 내용을 알 수 있도록 해주어야 하기 때문이다.

• 학력 사항(Education)

　학교를 최근에 졸업한 지원자일 경우 어떤 프로젝트나 자신이 집중했던 학문에 대해 간단히 서술하는 것도 좋다. 단, 이력서의 페이지가 많아지거나 졸업을 한 시기가 오래되었다면 전공과 학위에 대한 내용만 기재한다. 참고로 한국에서의 이력서와 달리 미국에서는 최종 졸업한 학교 및 전공만 기재하는 편이므로, 본인이 편입을 했더라도 이를 적시할 필요는 없다.

• 기타사항(Additional Information)

　자신이 가진 특별한 재능이나 기술을 적어 본인이 지원한 직무와 관련된 특정 프로그램 등을 다룰 수 있음을 보여주면 좋다. 일부 본인이 열정을 갖고 하는 취미 활동 등 사적인 부분에 대해서 기재하는 것도 무방하다.

4

같은 회사에서 다른 직무 지원 시 유의할 점

기본적이지만 반드시 기억해야 할 또 한 가지는 지원하는 포지션마다 업무 내용과 직무역량이 다르다는 점이다. 여러 개의 직무에 지원하게 되는 경우, 새로이 이력서를 수정하기가 쉽지 않다. 또한, 같은 회사에 업무와 연관성이 전혀 다른 성격의 직무에 지원하면 채용 담당자에게 좋지 않은 시선과 인상을 주어 아무리 해당 직무에 적합한 인재라고 해도 '도대체 무엇을 하고 싶은 거지?'라는 의문을 품게 한다. 나의 지인은 한 회사의 본사 및 지사 관계없이 총 30여 개의 포지션에 지원하였지만 결국 단 하나도 인터뷰 단계로 넘어가지 못했다고 하였다. 입사 지원과 관련하여 채용 담당자의 이야기를 들어보았다.

Q) 하루에 얼마나 많은 입사 지원서를 받나요?

A) 채용 시점과 직무 레벨 등에 따라 다르긴 하지만, 평균적으로 수백 명의 지원 서류를 받고 있습니다. 특히 졸업 시즌에 가까워질수록 더 바빠지죠. 임원을 포함한 상급 직원 레벨은 지원자 수가 적은 편이지만, 신입이나 연차가 적은 경력직에 지원하는 사람들의 수는 셀 수 없을 정도입니다.

Q) 많은 지원자 중에서 채용 담당자의 눈에 띄는 방법이 있을까요?

A) 직무기술서를 정말 신중하게 읽고 그에 요구되는 직무역량과 자신의 경험이 잘 매칭될 수 있도록 이력서를 작성해야 해요. 아울러 이를 뒷받침해줄 근거로 기존에 진행했던 프로젝트 등의 포트폴리오가 있으면 첨부하면 좋아요. 그런데 여기서 또 하나 중요한 점은 얼마나 회사의 가치와 자신의 성과나 배경이 잘 맞는지 지원 서류에 서술하면 채용 담당자의 눈에 띌 수 있다고 생각합니다. 예를 들어, 스포츠용품 업계에 지원한다면 기본적으로 스포츠 활동을 즐기는 사람이란 것을 보여줄 수 있으면 좋겠죠?

Q) 실무 책임자에게 채용 후보를 추천할 시, 어떤 기준과 절차로 진행하나요?

A) 저는 두 가지의 기준으로 최종 채용 후보를 추천합니다. 먼저 지원자의 경험과 그가 지원한 포지션의 레벨이 부합되는지 살펴봅니다.

이 과정에서는 지원자의 업무 경력이나 학력 등을 주로 보게 됩니다. 다음으로 채용에 대한 최종 결정권을 갖는 실무 책임자와의 미팅을 통해 그가 요구하는 역량과 배경을 협의하고 다시 이력서 등 지원 서류를 검토하게 됩니다. 물론 실무 책임자가 요구했던 역량과 기술적 요소가 다소 부족하더라도, 발전 가능성을 보고 흥미로운 요건이 있다면 별도 추천하는 경우도 있습니다.

Q) 지원자들이 공통으로 하는 실수가 있나요?

A) 지원자가 같은 회사에 복수의 직무에 지원하는 경우에 발생합니다. 신규 취업이나 이직을 희망하는 사람들이 다수의 포지션에 중복으로 지원하는 것은 누구나 이해할 수 있습니다. 단지 현명하게 해야 한다는 겁니다. 예를 들어, 어떤 지원자는 브랜드 내의 영업직과 디자인직에 지원했습니다. 그런데 각 업무의 성격과 범위는 전혀 다릅니다. 이 경우 요구되는 역량이 다르겠지요. 그런데 이력서상 내용은 같습니다. 결국 채용 담당자 입장에서는 '진정하지 못한 지원(not truthful application)'이라 판단하게 되죠. 반대로 시즌별 제품 라인을 구성하는 머천다이저가 제품을 기획하는 PLM으로 이직하기 위해 지원하는 것은 상호 업무적인 연관성 때문에 충분히 이해되는 것이지요.

Q) 지원했던 직무 탈락 후, 몇 개월 후 재차 같은 직무에 지원한다면 불이익이 있나요?

A) 전혀 불이익은 없습니다. 단지 자신이 왜 탈락했는지 이유를 알아볼 필요가 있습니다. 사내 인사이동이 발생하였을 수도 있고, 채용하기로 했던 포지션이 없어졌을 수도 있습니다. 심지어 고급 관리자 수준의 경력이 있음에도 초급 관리자 포지션에 지원한 경우는 채용되지 않습니다. 따라서 같은 직무에 여러 번 지원했더라도 문제가 되지는 않습니다. 혹여 지원 후 탈락을 하게 된다면 자신을 담당했던 채용 담당자나 내부 지인이 있는 경우, 피드백을 요청할 것을 권해 드립니다.

Q) 마지막으로 성공적인 취업을 위한 조언?

A) 제가 나이키 채용 담당자로 있었을 때입니다. 당시 신기술이 접목되는 제품 개발팀 매니저를 채용하고 있었습니다. 최종적으로 채용된 후보자는 엔지니어(engineering)와 산업디자인(industrial design) 학위가 있었습니다. 즉, 기술과 디자인에 대한 미적 요소에 대한 이해력이 뒷받침되어 있었습니다. 아울러 컨설팅 회사에서 일한 경험도 있어 다양한 고객을 상대하면서 효율적인 소통 능력도 있다고 판단했습니다. 게다가 매일 아침 조깅을 즐기는 사람이기도 했습니다. 이 사람의 이야기를 통해 왜 이 사람이 나이키의 제품 개발팀 매니저로 채용되었는지 이해될 것으로 생각합니다. 자신만의 커리어를 위한 이야기를 만들어 놓으세요. 그게 제가 해드릴 수 있는 마지막 조언입니다.

5

압박감을 이겨내지 못하면
아무것도 이룰 수 없다

축구선수 프란츠 베켄바워는 "압박감을 이겨내지 못하면 아무것도 이룰 수 없다."라는 명언을 남겼다. 내가 채용 절차 당시 가장 압박감을 느낀 경우는 인터뷰를 진행할 때였다. 이전의 경험이 새롭게 지향하는 목표와 연결이 잘 안 되는 경우가 많았기 때문이다.

인터뷰를 진행할 때, 기초가 되는 것이 이력서이다. 그렇기 때문에 이력서 작성이 무엇보다 중요하고 그 내용을 정확히 숙지하여 질문을 받을 준비가 사전에 충분히 되어야 한다. 직무기술서에서 지원자에게 요구하는 역량에 대한 경험이 있다면 더없이 좋다. 그러나 부족한 경우, 기존의 경험이 요구되는 역량과 어떻게 연결될 수 있는지 고민해야 한다.

예를 들어, 직무기술서상 담당 업무 항목에서 "비즈니스 리포트를 산출하여 데이터를 분석하고 수익을 높일 방법을 제안한다.(Run business reports, analyze data, and make recommendations to improve performance)"라는 내용이 있다면 이력서에 "마켓 주문 및 영업 데이터를 분석하여 시장에서의 기회를 찾는다.(Seek marketplace opportunities by analyzing market booking/sales data)"라고 직접적인 표현은 다르나, 해당 업무를 담당했다는 내용으로 이해될 수 있을 것이다. 이를 바탕으로 인터뷰에서는 "어떤 방식으로 시장 데이터를 분석했는지, 그 정확도는 얼마나 되는지" 등에 대한 질문을 받을 것이 분명하다.

한편 역량(Qualification) 항목에 "계획적이고 유연하며 세심한 요구(Organized, flexible, detail oriented)"라는 내용이 포함되어 있으면, 나와 같이 법무팀에서 근무했던 사람은 "계약서를 작성 및 검토하는 업무를 오랜 기간 담당하였기 때문에 세심한 업무를 잘 해낼 수 있다."라는 방향으로 충분히 설명할 수 있다.

우리는 목표로 하는 것을 과연 이룰 수 있을까, 그 일을 하게 되더라도 또 다른 도전과 장애물이 나를 가로막지는 않을까 걱정한다. 이러한 압박감을 이겨내는 것과 그러지 못하는 것이 서로 다른 결과를 만들어낼 것이다. 나는 커리어를 중간에 바꾼 커리어 편입생이다. 그러나 이전의 커리어가 현재의 나를 다른 동료들과 차별성을 갖게 해주었다. 인생한번 산다는 데, 진짜 하고 싶은 것 있으면 해보는 용기를 가져보면 좋겠다.

UO SPM 프로그램

https://business.uoregon.edu/spm

1876년 오리건주 유진(Eugene)에 설립된 오리건 대학교(University of Oregon)는 포틀랜드 캠퍼스에 스포츠제품 경영(Sports Product

Management) 석사 과정을 개설하였다. 이 과정은 2016년에 신설된 프로그램으로 역사는 길지 않으나 대부분의 졸업생이 다양한 스포츠 브랜드에서 근무하고 있다. 한 기수당 50여 명의 학생으로 운영되는 소규모 프로그램이며 총 18개월 동안 진행된다.

이 프로그램의 장점은 이론과 실무를 동시에 겸비할 수 있도록 운영된다는 점이다. 대부분의 수업은 전, 현직 스포츠 브랜드 임직원이 강의한다. 게다가 학생들은 이노베이션 랩(Innovation Lab)에서 직접 소재를 선정하여 각종 의류 및 신발 등을 제작하고 3D 프린터, 레이저커터 등 기기의 사용을 배우기도 한다.

위 과정은 5~6명의 학생이 하나의 팀을 이루고, 첫 학기부터 졸업할 때까지 각 팀이 정한 제품 개발 프로젝트를 진행하는 것이 다른 학위 과정과 차별화되는 점이다. 실제 락 클라이밍 전용 팬츠를 제작하는 팀도 있었고, 자유롭게 선글라스를 탈부착할 수 있도록 디자인된 모자를 개발하여 실용신안을 출원하고 등록까지 한 팀도 있었다.

저자가 이 과정을 졸업 후 생각하는 프로그램의 가장 큰 장점은 포틀랜드에 있는 점이다. 학교에서 나이키, 아디다스, 컬럼비아 스포츠웨어, 다카인, 킨 등 다양한 브랜드에 근무하는 사람들과 적극적으로 연결해주어 네트워킹의 기회를 넓혀주기 때문이다. 또한 스포츠용품과 관련된 세계 유일의 석사학위 과정이란 점에서 그 희소성과 전문성에서도 매력이 있다.

책을 정리하면서 내가 걸어온 길을 다시 한번 돌아보게 되었다. 나는 2016년 9월 6일 밤을 절대 잊지 못한다. 한국 생활을 모두 정리하고 미국으로 건너와 처음으로 맞이하는 밤이었다. 당시 시차 적응이 되지 않아 잠이 잘 들지 않기도 했지만, 미래에 대한 막연함과 두려움이 컸던 것 같다. 그날 밤, 정말 많이 울었다.

1주일간 진행되었던 대학원 오리엔테이션에서 가장 기억에 남는 세션이 있었다. "Marketing yourself"라는 과정이다. 쉽게 말해 나에 대한 브랜드를 만들어나가는 것에 초점을 맞추고 있었다. 그러나 나는 이를 뛰어넘어 "Selling yourself"가 더 필요하지 않은가 싶다. 여러 차례 네트워킹 이벤트에 참여하면서 내가 일하고 싶은 브랜드에서 근무하는 사람들을 만날 때면, '나도 저 사람처럼 되고 싶다'라는 생각을 무척 많이 했었다. 그들을 만났을 때, '나는 어떤 사람이고, 무슨 일을 하고 싶다'가 아니라 '나에게는 다른 사람들에게 없는 어떠한 경쟁력이 있다' 등으로 나를 판매해야 한다. 즉, 내가 하고 싶은 것에 대해 이야기하기보다 내가 회사에 어떤 이익을 가져다줄 수 있는지에 대해 말하는 것이 꿈을 이루는 데 보다 한발 앞서 나갈 수 있다는 것이다.

전 세계적으로 수많은 스포츠 브랜드가 있고, 그 경쟁 구조에서 시장 점유율(market share)을 더 높이기 위해서는 전략과 리더십의 방향성이 중요하다. 사람들은 나이키나 아디다스를 신발 사업에 있어서 최고의 기업이라고 말한다. 나 역시 이에 동의한다. 그런데 나는 왜 컬럼비아 스포츠웨어에서 일하고 있는 것일까? 이유는 바로 회사가 제시하는 방향성 때문이다. 우리 회사는 아웃도어 회사인 만큼 등산화에 집중된 사업을 전개해왔으나 2018년 전사적으로 신발 사업을 키우는 것을 가장 큰 성장 전략으로 설정하였다. 2019년 8월에 전 세계적으로 출시한 시프트(SH/FT)를 기점으로 등산화로만 기억되던 컬럼비아 신발은 스니커즈 시장에도 진입하였다. 나는 이러한 기회를 통해 더 많은 것을 배울 수 있었다. 향후 나의 커리어에 분명 큰 도움이 될 것으로 생각한다. 어떠한 일이든지 스스로에 대한 믿음이 있다면 무엇이든 도전해 볼 만한 가치가 있다. 늦었다는 생각이 들었다면, 지금 바로 시작해 보기를 바란다.

- "How Shoes are Made: A behind the scenes look at a real shoe factory", Wade Motawi, 2018.

- "Beyond Design: The Synergy of Apparel Product Development - Third Edition", Sandra J. Keiser and Myrna B. Garner, Bloomsbury Publishing Inc., 2015.

- "One Tough Mother: Taking Charge in Life, Business, and Apple Pies", Gert Boyle and Kerry Tymchuk, BASIC BOOKS, 2006.

- "Shoe Dog: A Memoir by the Creator of Nike", Phil Knight, SCRIBNER, 2016.

- "Let My People Go Surfing: The Education of a Reluctant Businessman – Including 10 More Years of Business Unusual", Yvon Chouinard, PENGUIN BOOKS, 2016.

- "Magazine B – Portland, (Issue No. 58)", JOH & Company, 2017.

- "Sneaker Wars: The Enemy Brothers Who Founded Adidas and Puma and the Family Feud That Forever Changed the Business of Sports", Barbara Smit, Harper Perennial, 2009.

- "Dwyane Wade", Anita Elberse and Jennifer Schoppe, Harvard Business School, 2016.
- "ASICS: Chasing a 2020 Vision", Elie Ofek and Akiko Kanno, Harvard Business School, 2017.
- www.sneakerfactory.net
- Isacc Koval 인스타그램 (@isacclkoval)
- Charles Taylor-Love 포트폴리오
- 각종 스포츠, 아웃도어 브랜드 홈페이지

스포츠용품 업계 핵심 키워드 50가지

Assortment	동일 시즌, 채널 및 매장별로 계획하는 상품 머천다이즈 구성을 말한다.
BOM	Bill of Material의 약자로써 원부자재명세서이다. 제품을 생산하는데 필요한 소재, 구성비, 크기(양), 색상 등을 표기하고 생산 공정에 필요한 내용이 작성된 표이다.
Brick & Mortar	소규모의 브랜드 전용 매장 (한국에서는 직영점으로 이해)
CAGR	Compound Annual Growth Rate의 약자로서 연평균 성장률을 말한다. 이는 단기간이 아닌 3~5년 기간의 장기간 사업 플랜을 계획하고 평가하는 데 사용한다.
Carryover	신제품에 상반되는 개념으로 이전 시즌에 개발된 모델을 새 시즌에도 판매하기로 한 제품을 말한다. 일반적으로 모델을 기준으로 지칭하는 표현이며 새로운 색상(color-ups)으로 출시되기도 한다.
Channel Distribution	제품을 어느 형태의 유통 채널로 판매할 것인지에 대한 기준이다.
COGS	Cost of Goods Sold의 약자로써 상품 판매에 필요한 총 제조원가를 말한다. 통상적으로 상품의 생산원가, 통관비, 관세, 국내물류운임료, 보관비, 로열티, 유통 전 검사비, 매장으로 출고하는 비용 등이 모두 포함된다.
Colorway	제품의 색상을 말한다.
Consumer	실질적으로 제품을 구매하거나 사용하는 소비자(개인)를 말한다. 즉, 실 사용자(end user)이다.

Customer	브랜드의 입장에서는 판매사(리테일러, 홀세일러)이며, 판매자 입장에서는 실구매자(consumer)이다.
Conversion Rate	매장을 오가는 인원 대비 실제 판매로 연결되는 수치(%)로써 실구매 전환율 말한다.
COO	Country of Origin의 약자로 제조국을 말한다.
Depth	각 모델별 색상 및 사이즈의 수를 말한다.
Design Brief	PLM의 주관하에 제품 기획 단계에서 주 타깃 소비자, 경쟁사 제품 비교, 가격 등 전반에 걸쳐 정리한 제품 기안서를 말한다.
Design Board	디자이너의 주관으로 제품 기획 단계에서 그들의 관점과 영감을 얻게 된 과정을 효율적으로 설명하기 위해 제작된 이미지 보드를 말한다.
DTC	Direct to Consumer의 약자로써 브랜드가 직접 운영하는 매장의 형태를 말한다.
FOD	First Offer Date의 약자로써 제품 출시일을 말한다.
Franchise	전 세계적으로 대표되는 브랜드의 제품을 말한다. 예를 들어, 아디다스는 슈퍼스타와 스탠스미스가 대표적이다.
Forecasting	향후 시즌에 판매될 각 제품에 대한 수량 및 수익 등을 예측하는 행위를 말한다.
Gross Margin	총매출액에서 상품 원가와 판매에 투여된 비용을 차감한 영업 이익을 말한다.
GTM	Go-to-Market의 약자로써 시장에서 상품의 성공적인 론칭과 판매를 위한 통합적인 상품 론칭 과정을 말한다.
Inventory	브랜드가 보유한 재고량을 말한다.
Key Account	거래 규모가 큰 주요 고객사를 말한다.
Key Item	물량 면으로 브랜드가 지속해서 안정적인 수익을 내는 모델을 말하기도 하나, 브랜드 관점에서 물량은 적더라도 시즌의 주요 스토리텔링 중심 상품이 되기도 한다.
Landed Cost	제조사(공장)에 지급하는 제조원가, 국내반입운송료, 세관통관비, 국내물류운임료 등이 합쳐진 제품 원가를 말한다.
Last	신발을 제작하는데 사용되는 형틀을 말한다.
LO	Liaison Office의 약자로써 지역 사무실을 말한다.

Line Art	제품의 제작을 위한 디자인 도면을 말한다.
Markdown	가격할인
Markup	제품 판매가격과 제조 원가의 차액을 말하며, 주로 퍼센트(%)로 표시한다.
Market Share	특정 제품 또는 서비스 군의 시장에서 각 브랜드가 차지하는 지분을 말한다.
MOQ	Minimum Order Quantity의 약자로써 제품 생산을 위한 최소 주문량을 말한다.
MSRP	Manufacturer's Suggested Retail Price의 약자로써 제조자 권장 판매가격을 말한다.
Muse	특정 제품 제작을 위해 영감을 주는 소비자를 대표하는 가상의 인물을 말한다.
Net Pricing Margin	가격할인 등이 적용된 이후의 수익률을 말한다.
Net Sales	실제 판매된 가격으로 계산된 매출액에 지역(정부)에 신고하는 판매 세금을 공제한 후의 순 매출액을 말한다.
Pantone	정형화된 색상 매칭 시스템을 말한다.
Product Life Cycle	제품의 론칭 이후, 정산판매, 할인판매, 상설판매, 반품, 재판매, 폐기 등으로 이루어지는 제품 주기 일련의 과정을 말한다.
Pullover	제품 제작 과정에서 최초로 제작된 샘플을 말한다.
Retail Price	매장에서 소비자를 상대로 판매되는 제품 가격을 말한다.
SMS	Salesman Sample의 약자로써 고객사가 제품 수주를 하는데 참고할 수 있도록 제작된 최종 샘플을 말한다. 이는 향후 소비자에게 실제 판매되는 제품과 동일한 퀄리티를 갖는다.
Seasonal Calendar	시즌 별 제품에 대한 업무 일정표를 말한다. 이는 각 직무별 관점에 따라 달라지며, PLM은 개발 제작 과정이고, 머천다이저 또는 마케팅은 상품의 기획, 론칭, 판매, 반품 등의 일정표이다.
Seeding Sample	홍보 목적으로 인플루언서 등에게 제공되는 샘플을 말한다.
Sell-in	도소매업자가 판매할 수 있도록 브랜드가 출고(출하)하는 제품의 수량 및 퍼센트를 말하며, 도소매업자 관점에서는 제품의 입고를 의미한다.
Sell-thru	소비자에게 실제로 판매되는 제품의 수량 및 퍼센트를 말한다.

Size Run	제품이 제작되는 사이즈 기준 범위를 말한다.
SKU	Stock Keeping Unit의 약자로써 각 제품을 색상 기준까지를 범위로 하여 분류하는 기준, 즉 품목을 말한다. 예를 들어, 브랜드가 3개의 신발 모델에 대해 각 2개의 색상을 판매한다면 총 6개의 SKU를 가지고 있다는 것이다.
SMU	Special Make Up의 약자로써 특정 고객사를 위해 제작되는 제품을 말한다.
Tech Pack	제품을 제조하는 공장과 원활한 소통을 위해 개발자의 주관으로 제작되는 구체적인 작업지시서를 말한다.
Wholesale Price	브랜드가 고객사에게 판매하는 제품의 단가를 말하며, sell-in price라고도 한다.

신발 구조

TOE TIP

MUDGUARD

OUTSOLE

VAMP

EYELET

OVERLAY

THROAT

TONGUE

COLLAR

COLLAR LINING

HEEL COUNTER

HEEL PULL

MIDSOLE

UPPER